U0897491

如何培养孩子的社交商

〔美〕凯西·柯恩（Cathi Cohen）著 〔美〕乔·米拉贝罗（Joe Mirabello）插图
安燕玲 译

Raise your child's social IQ

重庆出版集团 重庆出版社

凯西·柯恩

Cathi Cohen

作者简介

凯西·柯恩（Cathi Cohen）：纽约哥伦比亚大学理学硕士。从1984年开始，凯西作为一名注册临床社会工作者，以及一名认证的团体心理治疗师，她有效地针对儿童、青少年和成人做诊断研究。在职业生涯早期，她通过团体治疗认识到人际关系的力量，也正是基于这种兴趣和专业背景，她于1990年创建了“进步基石（Stepping Stones）社交技能团队治疗”项目。由于这一项目的成功，1995年又成立了名为“步调一致”（In Step）的综合性团队心理健康诊所，服务于繁华的华盛顿地区。“步调一致”诊所目前设立在两个地点，拥有的医生超过25个。

《如何培养孩子的社交商：训练孩子为人处事的基本技能 》（*Raise your child's social IQ: Stepping Stones to people skills for kids*）中的内容均源自“进步基石”的课程。此后，她还有两部作品:《建立友谊的“进步基石”：野营顾问指导 》（*Stepping Stones to building friendships: a guide for camp counselors*）和《缺数量，不缺智慧：从A到Z指导如何与儿童和青少年群体打交道》（*Outnumbered, not outsmarted: An A to Z guide for working with kids and teens in groups*）。她的电子书《我已经拥有：保持家庭和睦的五个成功之法》（*I've had it: five surefire way to keep the peace at home*）于2013年在线销售。写作之余，她还定期为家长、教育工作者和心理健康专家做讲座，并以专家的身份出现在广播和国家联合有线电视节目中，讨论关于孩子社交技巧开发以及孩子与父母精神健康方面的话题。

如果想了解有关“进步基石”更多的信息，请登录网站：www.insteppc.com。

本书的插画作者乔·米拉贝罗（Joe Mirabello），出生于英国彼得伯格，从事艺术工作多年。如果你想联系乔，可以发邮件到：blankslatejoe@hotmail.com。

目录

中文版序言

亲爱的父母们：

非常高兴与你们分享我的新书《如何培养孩子的社交商：训练孩子为人处世的基本技能》。对于很多孩子来说，解答复杂的数学方程式，远比和一个朋友进行简单交谈容易得多；研究错综复杂的高科技成果，要比在一个聚会中游刃有余地进行社交活动更轻松。研究显明：一个高智商的孩子并不能保证将来在工作岗位上一定能取得成功。

在我们这个全球化的世界里，沟通和联系日益增强，对所有的孩子而言，学业和社交两方面的成功都非常关键。争吵、分享、妥协、谈判等沟通方式，让有兄弟姐妹的孩子学到了宝贵的社会经验。而如果没有兄弟姐妹，这些经验仍然可以通过学习来获取。并且，你自己就是孩子的社交教练。

你可以从本书中学习到很多提高社交技能的方法，帮助孩子建立和维护与他人的关系，而且，很快会看到惊人的好效果。

祝福中国读者！

Cath Coh（凯西·柯恩）

英文版序言

有一次，一个八岁的男孩告诉我："我感觉住在另外一个只属于自己的星球上，而其他人则住在这个星球上！"他所表达的是自己内心的孤独，以及和同龄人格格不入的感受。对于一个孩子来说，这种感觉会非常令人沮丧。试想一下，孩子和其他同龄人要相处一整天，无论是教室里、校车上，还是课间休息或者课外活动，他们都在一起。对于一个缺乏社交技巧的孩子，这些场合都充满了压力和孤独感。上学变成了一件恐怖的事情，即使存在友谊，它所带来的痛苦也远胜过安慰。

没有同伴的友谊，孩子会感到孤独、困惑，觉得与世界不协调。这些感觉会对他们的将来产生深远影响。研究表明：与同伴关系不好的孩子，将来更有可能出现严重问题，例如学习成绩差、抑郁、人际关系不好、缺少教育孩子的技巧、职业发展不顺利。显然，友谊在孩子情绪健康和心理发展方面，起到至关重要的作用。

一个有很高社交商的孩子知道如何去结交朋友、维护友谊。这样的孩子能很容易地与其他孩子交往，他们有很高的自尊，交谈时善于倾听，并且能用非暴力的方式来解决冲突。高社交商的孩子天生就知道别人对他的期望，很容易就能在社交场合中做出自己的判断。他们能轻而易举地加入到一群孩子当中，一起玩耍，并且能相处融洽。对于那些社交能力强的孩子，不需要学习这些技巧，就能很自然地做到这些。看到父母和同伴用恰当的方式来交往，这些擅长社交的孩子就会很自然地从他们身上学习这些方法，并且加以内化。通常情况下，这样的孩子并不需要进行社交技巧的正规训练。但是，不是所有的孩子都能这么幸运。

对于那些在社交方面遭遇困难的孩子，几乎没有机会来学习社交技巧。我们的学校通常不会教授孩子关于合作、同理心、解决冲突、管理情绪以及沟通技巧方面的内容。并且，我们的社会也认为，所有的孩子只需要通过观察别人的行为就能学会如何与人相处。这完全不对！对于很多孩子而言，最难的就是面对社交方面的挑战。完成一道非常复杂的数学题，远比和朋友交谈要容易得多。学习高级电脑游戏让他们兴趣盎然，而用恰当的方式来倾听和回应朋友的问题，纯粹是一种折磨。即使是一名全优的学生，仍然需要提高他的社交商。我把这种存在社交技巧问题的孩子称之为有“社交学习障碍”。

值得庆幸的是，缺乏社交技巧可以通过训练指导来提高。作为父母，你可以通过学习这些方法来帮助孩子，并很快产生奇迹般的效果。

十五年以来，我一直致力于为儿童、青少年、家庭提供咨询和辅导。我所治疗的孩子当中，多数都抱怨孤独和受冷落。他们愿意加入到同伴当中，但是不知道如何去做。社交技巧很难在个人和家庭治疗期间学习到。孩子在自己家里或者一对一咨询这样一种安全的环境中，会表现得热情、自信、合群。但是在人群中，比如学校、社区或者社交场合，会表现得截然不同。

孩子学习社交技巧最好的方式，就是和其他孩子在一起。如果治疗师和孩子在办公室单独相处，在那种人为制造的环境当中，就很难教给孩子与他人相处的技巧。尽管我们可以通过“角色扮演”来学习如何与人交谈，如何在出现冲突的时候协商解决，但是孩子们仍然会继续抱怨与同伴之间所发生的问题。孩子能表达在学校与同学打架这件事的看法，但却不能表述另外一个孩子的观点。他能记得争吵的结果，却想不起来因为什么而争吵。因为不能亲眼看到孩子们在真实生活中所发生的冲突情况，所以我对个体辅导和帮助一直有种挫败感。

通常来说，父母非常愿意帮助孩子学习社交方面的技巧，只是他们需要得到指导和帮助。父母希望帮助孩子和他们喜欢的人交朋友。他们经常告诉我:“我的儿子不能和其他孩子合作”;“我的女儿总是喜欢对人呼来唤去”;“别人在开玩笑的时候，杰克会以为是在嘲笑他”；还有“我只是希望朱丽叶能知道别的孩子如何看待她”。有的父母承认自己童年的时候，在交友方面也有困难。还有的父母发现交朋友很容易，但是很难用语言来确切地说清楚如何去做。“我不记得自己是如何交朋友的，朋友们就出现在那里了。”

这本书为孩子提供了结交朋友和维护友谊所需要的基本技巧。本书所提供的技巧在家里也可以进行讨论和练习，最好的学习方式，是能和其他孩子在一起。这些方法属于“进步基石”课程的一部分，它是专门为四到十八岁的孩子和父母提供社交技巧治疗培训的项目。尽管这个项目最初是为小组治疗而设计的，但这些方法经过适当的修改，可以让父母在家庭中也同样使用。但是，正如我们在治疗中所看到的，社交技巧要在社交的环境中学习。所以，如果孩子没有太多参加社交活动的机会，那么你就要去发现和创造这样的场合，让孩子来练习这些技巧。

如何使用本书

本书共分为十个章节，每章主要讲述一个或者一组特别的技巧，以便你和孩子以循序渐进的方式来练习。在每个章节中列出了目标，当孩子达到了这些目标，掌握了必需的技巧之后，就可以带领他进入下一个章节。

每章的小测验可以帮助你判断孩子是否已经掌握了其中所涉及的技巧。读本书的时候，重要的是要记住：孩子会以他自己的节奏来发展这些技巧。如果在每章后面的技巧测验中，没有全部完成，并不是说孩子就没有进步。检查表只是作为一个指导而已。

我建议大家按照本书的章节按顺序来阅读，因为这本书是从基本的社交技巧开始，然后逐步变得复杂。当然，不管怎样，还是尽量把精力和时间放在孩子最需要帮助的地方。

要记住：一次只介绍一个技巧。突击式的学习方式一定会让你和孩子不堪重负。"进步基石"课程设计就是每次只专注于解决一个问题，确认孩子掌握了这项技巧，并能轻松地举一反三。每章中涵盖了小秘诀、方法，以及你和孩子一起做的练习，可以帮助你确认他是否在一个实际的社交场合下，能运用所学到的新技巧。

孩子很可能需要花上一个月甚至更长的时间，才能掌握每个章节中所列的技巧。可以把这本书放在床头，经常随手拿起来翻一翻作为参考。你也和孩子一样，在学习一个技巧的时候，需要花时间来整合这些内容。并且，当你和孩子进入旧的行为模式的时候，要对自己和孩子有耐心。

为了简单起见，我在书中都用男性人称代词“他”来泛指一个孩子。所以，不要误认为这本书只是写给男孩子的。这本书对于男孩和女孩都同样适用。

书中的事例都是源于参加“进步基石”课程的学员。为了保护家庭隐私，其中的人名和个人信息都经过了修改。

好，让我们一起开始吧！

1 创造良好开端
学会融会贯通
控制愤怒情绪
化解冲突矛盾
解决社交问题
管理压力问题
处理戏弄嘲笑
提高自我尊严
读懂社交信号
学习沟通交流
加入伙伴当中
创造良好开端

在本章中，你将会学到

- ☑ 一种新的社交技巧。
- ☑ 和孩子一起设定目标。
- ☑ 在约朋友一起玩的时候，帮助孩子如何表现得体。

玛德琳的故事

玛德琳喜欢和同龄孩子一起玩。如果每天放学后能玩上一会儿，她一定会非常愿意。她上的是一所私立学校，同学都住得很远，她几乎没有机会和其他孩子一起玩，这让她很难过。一旦找到了玩伴，她就会兴奋得不知所措。如果同伴没有按照她的想法去做，她就会去控制局面，但又没有办法去应对。这时候，她可能会沮丧哭泣，或者丢下客人不管，自己去玩。

杰佛瑞的故事

杰佛瑞和玛德琳正相反，他不太喜欢和其他孩子玩。放学回家和周末的时候，他更喜欢自己一个人玩。他最喜欢玩耗时很长的任天堂游戏，或者游戏机上的电子游戏。如果允许的话，杰佛瑞能玩好几个小时。父母对这种长时间独自一人玩游戏的方式有些担心。可是，他告诉他们自己感觉很好："我喜欢独自一个人玩。"当杰佛瑞和别的孩子在一起的时候，他喜欢坐在后面，观察其他的孩子。

孩子们可以通过提高社交技巧来从中受益，玛德琳和杰佛瑞就属于这样的例子。但是他们需要父母的帮助和支持，并在学习社交技巧的过程中得到指导。

父母所扮演的角色

有些孩子不能光靠自己来学习社交技巧，他们需要外界的帮助。作为父母，你的参与对于孩子学习新技巧，以及在不同场合灵活运用都非常重要。通过自己的身体力行，为孩子创建练习社交技巧的机会，例如：当你邀请其他孩子来玩儿，或者让孩子参与课外活动的时候，就是在帮助他们学习社交技巧。通过运用这本书，你就会进一步成为一名社交技巧教练。作为教练，你和孩子就要学方法、玩游戏、做练习，来帮助孩子提高他们的社交商。

父母可以使用的技巧

在开始帮助孩子之前，你必须具备做教练的专业素养。这个新的角色需要你身兼数职，有些对你来说，可能会感到陌生。下面是在帮助孩子提高社交商的过程中，经常会用到的步骤。

制定目标

♡复习每章的目标

本书共分为十章，每章会为孩子提供一组特别的技巧。每章的开头，列出了学习技巧的目标和小测验，这些小测验主要用来评估孩子在这个方面是否还需要努力。

为孩子量身定制目标

复习每章的目标之后，你就可以根据孩子的情况，来为他量身定制目标。例如：你正在学习第二章“加入伙伴当中”，当你发现孩子在眼神交流上需要特别注意，就要在孩子每天、每周、每月的目标里，加上“眼神交流”这一项。

写下目标

你和孩子坐下来，一起把目标写出来，相对于单纯的口头强调，会更能引起孩子的重视。制定目标的时候，重要的一点就是要具体而明确，并且每次只制定一个目标。

和孩子一起发展目标时，需要遵照以下步骤：

第一步：和孩子谈社交技巧的必要性，介绍“本周技巧”。

找一段安静的时间，和孩子讨论交朋友以及与他人相处的重要性。最好的时机，就是当孩子向你抱怨和其他孩子交往中出现问题的时候，告诉他你会帮助他学习友好交往的方法。但是要注意你所说的话，不要强调社交问题，因为这个问题已经让孩子自我感觉很不好了。你的目标是让他感觉到有人支持，充满希望。不要说：“我想帮助你交朋友。”而要说：“我想帮助你找到更多的朋友。”这样说他的反应会更好些。

给孩子介绍本章节的技巧。一起复习“可以做”和“不要做”里所列的方法。你可能需要为每周、每月，或者更长的时间来设定特别的目标。这些目标都是基础，并且每个目标必须在实现之后，才能开始下一个目标。不用担心进度，按照你自己的节奏来学习本书。社交技巧也不可能一夜之间就能学会，它需要付出时间和努力。

我讨厌学校！每个人都讨厌我！！
我听你说以前没有朋友。

1

本来就是！学校里每个人都讨厌我！

2

我想帮助你交到更多的朋友，你愿意我帮你吗？

3

当然，那怎么做？
我们慢慢来解决这个问题，每次只学一种交朋友的方法。

4

你先想想，有什么目标我们能一起努力来实现它？

5

我希望课间的时候，能和同学打成一片。
很好的开始！

6

第二步：和孩子一起选择一个目标。

你可能会希望孩子在别人谈话的时候，不要打断，但是他可能会不愿意，或者觉得自己做不到。让孩子自己来选择一个符合他心意的社交目标。你要帮他出主意。目标最好要明确，并且可以量化的。不要定得太高。选择一个孩子能够达到的目标，否则，他就会有挫败感。下面所列出的例子，是一些好的目标，以及无效的目标。

好的目标	无效目标
在本周，苏姗打断别人谈话的次数比上周减少一半。	苏姗不再打断别人谈话。（目标不切合实际。）
在本周，亨利将参加一次社区的集体游戏。	在本周，亨利交到一个朋友。（目标不切合实际。）
在本周，杰西会练习用一种新的方法来应对别人的嘲笑。	在本周，杰西会更好地应对别人的嘲笑。（目标定义不清楚。）
在本周，马修通过点头或者说“嗯”来表示他在倾听。每天至少一次。	马修在学校成为好的倾听者。（目标太笼统。）
在本周，帕蒂发脾气的次数比以前减少一半。	帕蒂学会控制自己的脾气。（目标不切合实际。）

第三步：设定底线。

这是相当重要的一步。你可能想跳过这一步，直接去实现目标，但是不要受实现目标的诱惑。

在设定一个可实现的目标之前，你需要知道孩子目前的能力和水平。

你至少需要花费一周的时间，在家观察孩子的行为表现，同时，也可以找别人在学校观察孩子的状况。每天设定一个特定的时间来观察孩子，并且请他的老师也这样做。

从某种程度上讲，在什么时间、什么地点来观察孩子取决于你所设立的目标。例如：如果孩子抱怨每天课间活动的时候，没有人和他玩，那么老师就需要在操场来观察孩子，看看情况是不是属实，观察他和其他孩子在一起的频率，以及一起玩了多长时间。如果他每天都是自己一个人玩，还做不到大部分时间和其他孩子在一起，那很明显，你应该降低他的目标。如果你认为孩子没法实现某一个特定的目标，那就需要给他设定一个更切实可行的目标。重要的是让孩子通过实现既定目标而建立自信。记住：一个成功会孕育下一个成功。所以，要设定可以实现的目标。孩子体验到成功所带来的自信，才会准备好迎接下一个更有挑战的目标。

第四步：写下完成目标的所有要素。

要素包括：时间、地点、人物、事件。具体来说，就是要写下实现目标需要谁来参与、在哪里执行这个目标、这个目标是什么、在什么时间完成目标。例如：萨拉明天午饭的时候（时间）在餐厅（地点）向潘（人物）打招呼（事件）。

第五步：检查目标完成情况。

要和孩子一起检查每天的目标是否完成。在目标清单（详见下一页）上跟踪记录孩子的进步。

目标清单范例

目标：杰克在学校里主动和同学交谈，一周至少三次。

星期一

是否主动交谈：　□ 是　□ 否

谈论的话题是：________

和谁交谈：________　在哪里交谈：________

星期二

是否主动交谈：　□ 是　□ 否

谈论的话题是：________

和谁交谈：________　在哪里交谈：________

星期三

是否主动交谈：　□ 是　□ 否

谈论的话题是：________

和谁交谈：________　在哪里交谈：________

星期四

是否主动交谈：　□ 是　□ 否

谈论的话题是：________

和谁交谈：________　在哪里交谈：________

星期五

是否主动交谈：　□ 是　□ 否

谈论的话题是：________

和谁交谈：________　在哪里交谈：________

选择的奖励：________

孩子签字：________　父母签字：________

第六步：对孩子取得的进步给予奖励。

如果孩子完成了目标，那就要奖励他。因为对于孩子来说，做到这些事情并不容易。尽管他最终收获的会是自信和友谊，但在这过程当中，你所给予的奖励将会激励他更努力地实践这些社交技巧。

在开始实现目标之前，先列一个奖励清单，如果孩子成功地实现了目标，就可以从中选择想要的奖励。父母的赞赏和认可比任何物质奖励都重要，但是也不要过度。定期地变换奖励方式，会让孩子更感兴趣。孩子掌握了某个技巧之后，就开始实现下一个目标。对孩子已经实现的目标，就不要再奖励了，但是要持续不断地对所有实现的目标进行口头表扬。别忘了要把进步和每次完成目标的奖励记录下来，这样孩子就不会忘记他正在努力的方向是什么了。

♡奖励的方式可以是：

可以兑换成小玩具的贴画、星星或者筹码。

单独和父母相处的时间（没有其他兄弟姐妹在）。

晚上晚一点睡觉。

额外玩电脑的时间。

随意选择甜点。

额外看电视的时间。

玩一种特别的游戏。

特别的零食或者点心。

租录像带。

打好基础

通常来说，孩子无法顾及社交方面的一些细节，但是只要事先稍作计划，就能帮助孩子把社交场合当做游乐场，而不是战场。下面的秘诀，可以为你提供帮助：

1. 帮助孩子发展一两个朋友。

对孩子来说，有一两个好朋友，远比有一大堆熟人更重要。来自另一个孩子的友谊，可以成为他释放生活压力的润滑剂。本书的目的就是帮助孩子学会交朋友所必需的技能，而不是赢得“最佳人气奖”。

2. 不要给孩子安排太多有组织的课外活动。

希望通过多多参加课外活动来丰富孩子的社交生活，这个想法似乎很有吸引力。但事实上，自然地约朋友一起来玩更方便孩子学习和练习社交技巧。

3. 参加社区或者教会活动。

邻里之间的聚会和活动，对父母和孩子来说，都是建立联系的好机会。在活动中，你经常可以找到有共同话题的家庭，可以计划以后一起出去玩。宗教团体里的青少年小组，也是寻找志同道合朋友的好地方。如果孩子不愿意参加有组织的活动，那么让他至少先尝试参加两次，然后再做决定以后是否参加。有的时候，孩子需要借助外力推他一把。要记住向孩子申明：既然要参加，就必须认真对待，以防孩子为了以后不参加而故意不好好参加本次活动。

4. 参加社交活动前，和孩子一起复习社交目标。

例如：“爱丽丝，告诉我，你参加生日聚会要做的第一件事情是什么？”“我会去小孩子玩儿的地方看看，问问我是不是可以加入。”“好主意！加油！”

设计完美的游戏约会

“约朋友一起玩”看起来似乎简单易行，但是对于有社交障碍的孩子来说，却不是件容易的事情。可以尝试用下面的方法，来帮助孩子更顺利地约朋友。

第一步：一次只邀请一个孩子。

通常所说的“三个人就会太拥挤”是很有道理的。对于有社交障碍的孩子来说，和一个孩子相处已经很困难了，如果再来一个，就很容易让其中一个孩子受冷落。

第二步：约朋友一起玩的时候，要有人看管并且有时间限制。

也许孩子之间还做不到一起玩上好几个小时，对他们来说，在玩的过程中要应对复杂的人际交流，所以时间不宜太长。父母在帮孩子约朋友一起玩的时候，要设定一个合适的时间段，并且尽可能让聚会愉快地结束。孩子们通常会清楚地记住在一起玩的最后 15 分钟，玩伴如果高高兴兴地离开，就会更愿意下次邀请去他的家里玩。

第三步：邀请孩子的朋友参加特别好玩的活动。

如果孩子特别怕被拒绝，就邀请他的朋友参加一个非常有趣的活动，这样就不太可能被拒绝。如果孩子不能长时间和别人交谈，那就选择一些不需要长时间语言互动的活动，如滑冰、看电影、参观动物园等，这样就不会对有社交障碍的孩子形成负担。

第四步：在邀请孩子一起玩的时候，严格限制看电视、玩电脑和电子游戏的时间。

孩子们在玩这些游戏的时候，并不能产生互动。这些游戏很刺激又容易上瘾，但是不需要和其他孩子交流。所以当孩子在和其他孩子一起玩的时候，要限制这类游戏的时间，以便让孩子们有机会自由随意地玩。

第五步：布置一个自由玩耍的场地。

给孩子布置一个安全又舒适的地方，放一些足够两个孩子玩的玩具，不必花费太多钱。不要让孩子说服你去花费很多钱来让他高兴。他提这些要求也许是想告诉你他对自己不自信，也不知道如何招待好其他孩子。

第六步：复习做好小主人的礼仪。

提醒孩子客人有权利选择玩什么，主人要顺着客人的心意。许多孩子可能会抱怨这条规则，说他在别人家玩的时候，并没有这么做。对孩子的这种想法要表示理解，但是还是要强调“主随客便”的原则。

第七步：列出朋友来访时可以一起玩的活动清单。

如果孩子不愿意分享某些玩具，需要确认朋友来访的时候，把这些玩具藏起来。

活动清单范例：

- 捉人游戏
- 搭积木
- 玩牌
- 艺术创作

示范/提醒/练习

“做示范”的意思就是向孩子展示某种行为该如何去做。其实父母无意间一直在向孩子示范社交技巧，对很多孩子来说，这种“被动式”的示范就足以帮助他们学习到如何与人相处。如果父母能做到轮流做事、与他人合作、顺应形势、说“请”和“谢谢”，那么这些行为就是在为孩子做示范。在整本书中，都要求你把学到的技巧给孩子做出示范来。有些技巧比较容易，有些技巧比较难，即使是父母也很难用合适的方式示范出来。如果你读到“化解冲突矛盾”“管理压力问题”“控制愤怒情绪”的章节，就需要格外注意如何给孩子做示范。其实，在帮助孩子的同时，你的行为举止也在提高。

你要用生动活泼的方式来给孩子做示范，也就是说，要采用“角色扮演”的方式。下面是具体操作：

- 你介绍某个场景。
- 让孩子观察你。
- 让孩子给你回应。
- 让孩子试着来重复这个技巧。

参见“角色扮演”范例：

我们来做“角色扮演”。我来扮演你，你来当那个叫布莱尼的女孩。来，开始，你来取笑我！
1

米歇尔，你这个怪物！
2

我要站直，看着她的眼睛……
并且坚定地说……
3

随便你怎么说。
4

爸爸，这样挺好的！我觉得她肯定不知道接下去该怎么说了！我来试试！
好，这次我来当布莱尼。
5

米歇尔，你这个怪物！
随便你怎么说！
6

非常好！！想不想试试其他回应他的方法？
好啊，下次我就给她最难看的脸色！！！
7

1

2

3

孩子有很多使用社交技巧的机会，问题是他不一定总能想起来使用它们。而你的职责就是温和而坚定地提醒孩子去运用这些技巧。如果你预见到孩子能在社交场合灵活运用技巧，那就不需要太多“当场提醒”。这种情况下，只需要在参加活动之前，和孩子一起复习社交目标。

在出席一个社交场合的时候，要注意观察。给孩子足够的时间练习某个技巧之后，需要给孩子提醒。例如，在别的孩子不在场的情况下，爸爸可以这样说:“麦克，还记得我们以前说过要轮流玩玩具吗?”或者“还记得我们学过的怎么控制愤怒吗?”提醒的时候，语气要坚定，但是不要带着怒气，否则会让孩子觉得难堪。提醒孩子你们一起设定的个人目标。“布莱德，记住你的目标是午饭的时候挨着你的朋友布莱恩坐。”还有一个私下提醒他的方式，就是和他一起想出一个只有你和孩子才能明白的暗号，不用说话，并且可以在公共场合提醒他。例如，可以拉一拉孩子的耳朵表示他说话的声音太大了。

练习社交技巧就像学习一种乐器或者一项运动。每个人都需要练习，但是每个人天生资质不同，所付出的努力也会不一样，所以低社交商的孩子需要更多的练习。对很多孩子而言，坚持练习才是关键。幸运的话，孩子通过一两次“角色扮演”，就能自然地使用这种技巧。很多情况下，孩子需要先通过“角色扮演”来学习，然后在真实的场景中练习，接着再一次进行“角色扮演”。这个循环需要重复 10 到 12 次，才能变成一种自动化的反应。要尽可能多做演练，正是通过这些练习才真正让孩子有信心来完成这些技巧。

慢慢来

教孩子社交技巧的过程中，你可能会产生挫败感。你刚刚认为他已经掌握了一个技巧，但是，又发现他在其他方面还是很纠结。重要的是，你要留意并赞赏孩子勇敢尝试所学的技巧，有些赞赏会比较有效。下面列出了有效赞赏的秘诀：

眼神交流秘诀

赞赏他付出的努力，而不是结果。

看到他运用技巧，就马上赞赏他。

赞赏他的具体行为，避免空洞的赞赏。

每次批评之后，要加倍地赞赏他。

如果你习惯于在孩子做错事的时候，给他负面评价，那么就试着赞赏他做对的地方。

赞赏和鼓励比其他任何东西更能帮助孩子发展他们的社交技巧。寻找机会来赞赏孩子。

有益的赞赏

无益的赞赏

你先把别人吩咐的事情做完，我很喜欢你这样做。
我注意到你在努力克制自己的情绪。
你刚才帮妹妹写作业，谢谢！

很高兴你清理了自己的房间，房间也确实该打扫了！
你真是个好孩子！
我做了什么？明天我会不会变成坏孩子？
你是我所知道的最棒的小孩！
我到底好在哪儿呢？

帮助孩子练习社交技巧的方法

开始这项计划的时候，记住下面所列的要点。遵循这些要点有助于孩子将他所学的新社交技巧运用于现实生活中。

摘要

- 复习本书的秘诀和技巧，和孩子一起循序渐进地练习。
- 在照看孩子的时候，注意观察、练习，赞赏并强化社交技巧。
- 按照每周／每月，来跟踪记录具体的目标。
- 及时发现微小的进步，并加以鼓励。

练习的方法

- 在家里通过“角色扮演”来练习社交技巧。
- 给孩子做一段录音或者录像，然后一起来回放，让孩子可以从另一个角度观察自己。
- 寻找适合的方法，将本书的练习运用到实际生活中，例如晚饭时间、在车上以及睡前等日常活动中。
- 如果可能的话，邀请兄弟姐妹一起参加。因为这样的家庭关系可以创造一种更安全的场合来练习新技巧。兄弟姐妹可以提供丰富的人际关系环境，来让孩子学习化解冲突、解决问题、控制愤怒以及应对嘲笑的新方法。

改变环境 增强社交能力

- 为了实现某个具体目标，可以请老师和辅导员来协助。从老师用的检查表中可以反映出孩子每天的进步，以及老师对孩子责任感和坚持力的鼓励。
- 如果有必要，做孩子的拥护者。为了加强新学到的社交技能，有时候需要改变孩子周围的环境。他的同伴可能不愿意原谅他，或者不愿改变对他原来的印象，那么就有必要换个班级，或者转学。要记住：不好的社交方式会跟着他一起进入新的环境，所以在他掌握了新技巧之后，再做大的调整和改变。

现在我们已经介绍了基本要点，你们也准备好开始学习具体的社交技巧了。祝你们好运！

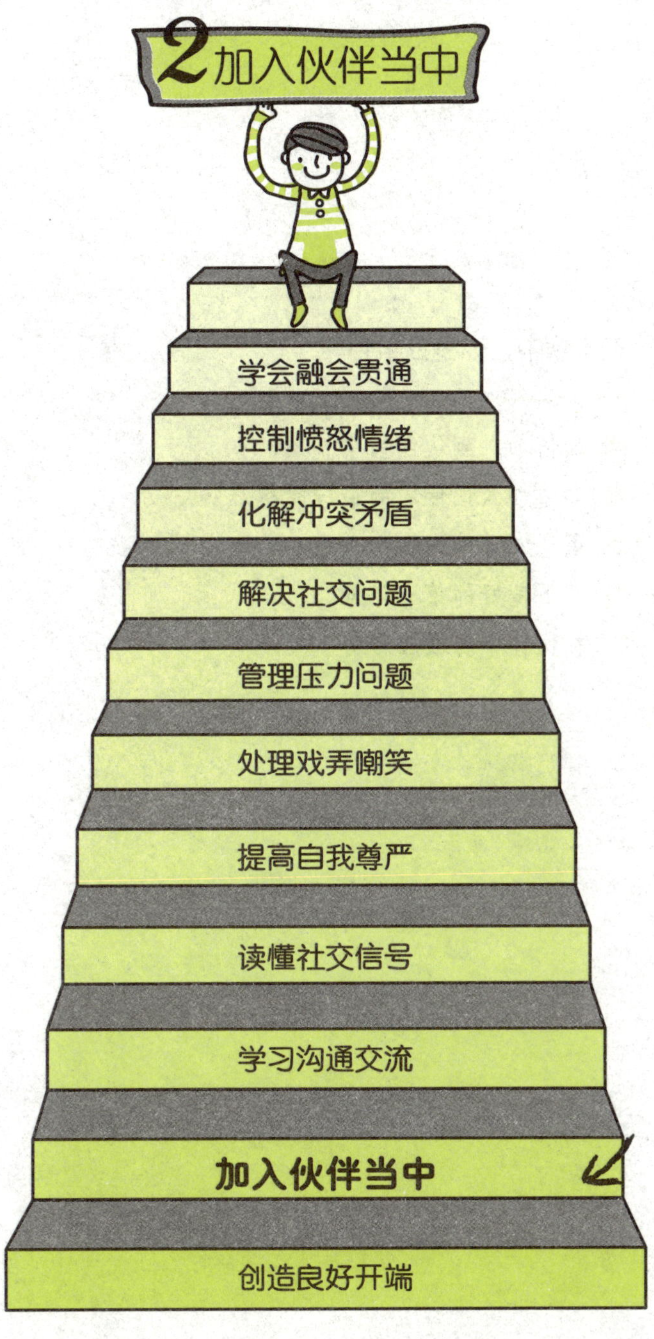
2 加入伙伴当中
学会融会贯通
控制愤怒情绪
化解冲突矛盾
解决社交问题
管理压力问题
处理戏弄嘲笑
提高自我尊严
读懂社交信号
学习沟通交流
加入伙伴当中
创造良好开端

在本章中，你将会学到

- 如何加入到伙伴当中。
- 知道加入伙伴中的最佳时机。
- 留意友善的人。
- 留下良好的第一印象。
- 在伙伴中要顺应形势。

马克斯的故事

马克斯今年九岁。因为爸爸换了新工作，所以全家刚刚从洛杉矶搬到东海岸。每次爸爸换工作、举家搬迁的时候，马克斯都要经历一段艰难的时期来适应。对他来说，结交朋友并不容易，他不会很快和别人打成一片。比如课间的时候，马克斯真的很想和其他孩子一起玩，但却不知道如何加入，所以总是站在一边看别的孩子玩。他并没有被同伴排斥，但是也没有被接纳。最近，他妈妈从老师那里要到一份同学的电话本，并且安排他和同学一起玩。在马克斯上一、二年级的时候，这个方法很见效。但是，现在他长大了，妈妈不能再替他这样做了。当妈妈向他要新学校朋友的名字和电话时，他一个也说不上来。问他课间的时候都和谁一起玩，他说自己玩。没有同学邀请他到家里玩，在过去几年中，也很少有人邀请他参加生日聚会。妈妈开始为他的人际关系问题担心。而马克斯则抱怨自己没有朋友，课间也不知道和别的同学说什么。妈妈想知道如何才能让马克斯加入到伙伴当中。

珍妮弗的故事

珍妮弗正好相反，天生一点也不害羞。今年十岁的她，个性阳光、友善，并且极具幽默感。大人们都喜欢她，特别是她的老师，觉得她非常有趣，能给人带来快乐。她会主动和别人说话，但问题在于，她不知道人家是不是愿意和自己交谈。同伴们认为她很强势，并且总是干扰别人。她也不知道为什么自己一出现，别的同学就马上一哄而散了。其实，她很友好，只是没有意识到加入到伙伴当中时，方式太生硬。珍妮弗感受到同学们开始排斥她，因为他们在小声议论她，背地里说她坏话。珍妮弗的爸爸虽然认为自己的女儿很棒，但是他在接站时也注意到，其他女生都回避她。珍妮弗的父母想帮助女儿给别人留下一个好印象，不要继续受排挤，同时也不要因此失去她本真的性情。

“加入伙伴当中”是孩子要学会的最重要的技巧之一，因为他给别人留下的第一印象，往往决定了同伴以后如何评价他。孩子们常常会面对新的情况：转到一所新的学校，或者加入到一个运动队，这些都需要他们能平稳顺利地加入到自己并不熟悉的伙伴当中。不知道如何加入到伙伴当中的孩子，通常会出现两种情况：要么站在边上观察，无法做出加入其中的举动；要么就是加入的方式太鲁莽，或者太强势，引起别的孩子反感。

小测验

"加入伙伴当中"

回答下列的问题，确认孩子是否需要学习"如何加入到伙伴当中"，并留下好的第一印象。

- 孩子是否很容易就能接近一群新认识的孩子？
- 孩子是否能在谈话当中等待合适的停顿机会再开口？
- 孩子是否能通过问一个相关的问题来顺利地加入到一个谈话当中？
- 孩子是否在说话的时候能直视对方的眼睛？
- 孩子是否能先停下来、观察之后再加入到伙伴中？
- 孩子是否能在伙伴当中顺应形势？

如果上面所有问题的答案都是肯定的，那么就可以跳过这一章。如果有些答案是否定的，那么本章还是值得你继续读下去，并尝试做其中的一些练习。

加入团体

加入伙伴当中并不容易。孩子可能会用不太恰当的方式加入其中，但却不知道自己的方式给别人带来什么样的影响。下面的步骤和方法可以帮助孩子如何更有效地加入到伙伴当中。

第一步：等待、观察、倾听。

马克斯可以做到这一步。如果他想加入到伙伴当中，他得善于花时间来观察他们。马克斯先观察伙伴们所做的事情，然后找到加入进去的办法。通过了解这些伙伴，来判断适不适合自己加入，但问题是他不肯踏出下一步。而珍妮弗属于另外一种情况，需要帮助她先了解情况。加入伙伴当中的第一步就是要先花几分钟的时间，来观察这些伙伴——等待、观察、倾听。珍妮弗需要在加入伙伴之前，先做更多的观察。

我曾经帮助过一个名叫汤米的男孩，上四年级，他的行为方式和马克斯很类似。汤米很容易就能识别出哪个孩子受欢迎。问题是汤米虽然追随这个受欢迎的孩子，但是他们还是不愿意和他一起玩。汤米的童年时期，随家人搬到新的城镇，他一直被受欢迎的孩子们排斥，这让他自我感觉非常糟糕。直到后来，汤米意识到班里其他小孩和他有共同点之后，他才慢慢被接纳。他不再试着加入到那些不接纳他的孩子中去，结果他开心多了。

和孩子一起复习下面的表格，可以帮助他理解如何选择加入一个合适的团体。

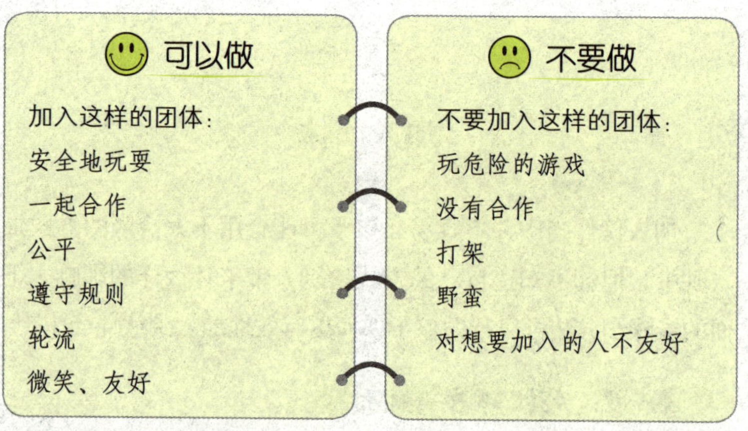

可以做	不要做
加入这样的团体：	不要加入这样的团体：
安全地玩耍	玩危险的游戏
一起合作	没有合作
公平	打架
遵守规则	野蛮
轮流	对想要加入的人不友好
微笑、友好	

第二步：寻找友善的面孔。

孩子在确定想要加入的团体是安全的之后，还需要时间来观察。试着和孩子一起观察在操场上玩耍的孩子，帮助他找出哪个孩子看起来比较开放和友好，这类孩子会比较容易接近。对于马克斯而言，和一大群孩子一起玩儿会感觉比较难，他还不能把这群孩子划分成容易相处的小团体。当他试着加入到一大群孩子当中，就会焦虑不知所措。但是，如果马克斯能找到一两个面带微笑且容易接近的孩子，那么他就比较容易按照自己的节奏，来加入到一群孩子当中。

记住寻找那些面带微笑的孩子。
好的，爸爸。
1

嗨，杰克，在那群小孩当中，哪个看起来可以一起玩？
那个。
2

你是怎么看出来的？
嗯……因为他在笑，而且看起来很友好。
3

嗯，你说得对！去吧！
4

通常情况下，在一群孩子当中处于边缘地位的小孩比较友好，而处于领袖地位的孩子往往表现得不会太友好。如果孩子告诉你他没有朋友，每个人都嘲笑他、排挤他，那你就要试着帮助他把社交的范围缩小。其实，也许只有几个孩子对他不友好，那么孩子就可能感觉整个世界都在和他作对。如果有必要，把班里同学的名单列出来，找出对孩子表示友好的同学，然后，帮助他把这个孩子当成可以发展友谊的同伴。鼓励孩子通过主动交谈，寻找共同感兴趣的事情，来慢慢发展友谊。接下来，鼓励他和同伴交换电话号码，并邀请他一起玩。

第三步：预先想好要说的话。

和孩子一起练习加入伙伴当中时应该询问的问题。例如："我能一起玩吗？"或者"你想不想一起玩？"有的孩子在加入伙伴当中的时候，什么也不说，只是跟着大家一起，这样他们反而会感到舒服自在。例如：一群小孩在玩"捉人"游戏，当"抓人的孩子"靠近他的时候，迅速跑开，这样就可以轻松地加入进去。但是要注意遵守游戏规则，顺着大家一起玩。

没有必要一定让孩子向其他小朋友做自我介绍，那样反而给孩子们带来了干扰。孩子们通过一起玩游戏，慢慢熟悉之后，再了解彼此叫什么。社交技能比较强的孩子，自然知道如何顺畅地加入到伙伴当中。

第四步：自我觉察。

对马克斯这样的孩子，由于太在意自己而表现不自然，而珍妮弗对自己的行为又毫无察觉，这两者之间有着细微的差别。对于初中生而言，两者之间的平衡很微妙，尤其是自我意识比较脆弱的孩子。这类型的孩子太在意自己，以至于认为自己什么都做不了。他们担心自己所说的会遭到同伴的批评。如果孩子属于这种情况，那么就不要强调“自我觉察”，只需要谈论注意的事项。

对于像珍妮弗这样的孩子，“自我觉察”非常重要，做事冲动的孩子很难做到“三思而后行”。这些孩子需要把自己的节奏调整得慢一些，以便理解其他人的看法。在面对新情况之前，帮助孩子一起回顾什么是恰当的行为。提醒孩子留下良好第一印象的三个原则：

- 保持冷静
- 等待机会
- 顺应形势

在每次社交活动结束后，和孩子一起回顾他的表现。

哦，米歇尔遇到了社交麻烦，我需要干涉一下！
别那样做！那是错的，要这样做！！
1
米歇尔，请过来一下，好吗？
好的，妈妈。
2
还记得我们在车上说的吗？注意自己的行为，先顺着大家的想法一起玩。
哎呀，我忘了！
3
现在，你想怎么玩？
4

第五步：通过“角色扮演”，练习如何“加入伙伴当中”。

孩子在应对真实生活所发生的情况之前，可以通过“角色扮演”的方式来练习社交技巧。让孩子有机会练习这些行为方式，并从父母那里得到积极正面的反馈。在和孩子进行“角色扮演”的时候，专注于那些引起麻烦的场景，然后提出解决办法。下面是进行“角色扮演”的方法：

1. 讨论需要掌握的技巧。

和孩子一起讨论需要掌握的技巧。例如：马克斯的父母可以和儿子说说加入伙伴当中所遇到的问题。他们应该明确问题是什么，了解不能融入到伙伴当中的原因。

2. 排练每个步骤。

把掌握这项技巧所需要的每个步骤，都用口头的方式排练一遍。例如：马克斯学习如何在课间的时候加入到伙伴当中，他的父母需要和他一起复习实现这个目标所需的步骤：

▶ 等待、观察、倾听

▶ 寻找友好的面孔

▶ 预先想好要说的话

给马克斯提供可以实际使用的句子，例如：“我可以一起玩吗？”

▶ 加入进去

3. 布置场景。

布置一个可以使用这项技巧的场景。以马克斯的情况为例，他想在课间活动的时候加入到伙伴当中，“角色扮演”

就可以设置成课间。假设一群孩子在玩“捉人”游戏，他想加入进去，“角色扮演”的时候就要布置成当时的场景。根据孩子遇到常见问题的不同，而设置不同的场景。例如：小区的游乐场、朋友家里、生日聚会，等等。

4. 给孩子示范技巧。

给孩子示范这项技巧的确切做法。以马克斯为例，妈妈可以扮演课间活动的马克斯，来示范一遍上面所列出的步骤，并且用恰当的方式加入到伙伴当中。她要很准确地示范出成功完成这项技巧的全过程。

5. 让孩子练习这个技巧。

重要的是让孩子在“角色扮演”之前了解所有的步骤。你们需要一起复习每一步，甚至可以写下来。此外，还要把扮演的所有角色都复习一遍。例如：如果妈妈扮演一位游乐园里的“友善者”，那就要复习她该如何回应孩子；如果爸爸扮演一个“排斥者”，那就需要提前想好孩子会如何做回应。

他刚开始加入到一群孩子当中的时候，可能会被接纳。到后来，可能会变得很难加入进去，甚至被拒绝。和孩子一起练习如何处理“被拒绝”的情况：他可以走开，找另外一群孩子玩；或者对自己说：“好吧，也许下次再试试看。”

练习这些技巧的时候，要循序渐进地增加难度。

本书讨论的所有技巧，都可以通过“角色扮演”的方式来进行练习，它是一种非常有效的方式。步骤都是一样的，只是技巧有所变化而已。

另外一个非常有用的练习方法就是“角色转换”。在这个练习中，你可以在“角色扮演”过程中暂停一下，让孩子和你对换一下角色。我发现这个方法非常有效，它可以帮助孩子看到自己的行为给别人所带来的影响。当他们有机会从别人的眼光来看待自己行为的时候，就会大开眼界，有神奇的体验。

6. 给予正面积极的反馈。

正面积极的反馈是提高技巧最好的方法。反馈的形式可以是建议、回应、赞赏、支持。下面是一些提供反馈的建议：

- 用正面的称述开场：“珍妮弗，我喜欢你用冷静、清晰的语气表达意见。”
- 不要用打击孩子的语气：“如果你用这种方式加入到伙伴当中，他们永远都不会再和你玩了。”
- 用建设性的语言提出批评：“下次你可以面带微笑。”“试着看他们的眼睛，而不要看地板。”
- 记住：给负面反馈虽然比正面反馈要容易，但是正面反馈更有效，并且不会带来伤害。

角色扮演

第一步：讨论需要掌握的技巧。
我们一起来谈谈这个问题。你说课间活动的时候，很难加入到伙伴中，问题出在哪里呢？
1

第二步：排练每个步骤。
让我们来看看这些步骤：
等待、观察、倾听、寻找友善的面孔、打招呼、问问是否可以加入。
2

第三步：布置场景。
好，假设课间的时候我们在外面玩。你说那些孩子经常玩“捉人”游戏。我们来一起加入到“捉人”游戏中。
3

第四步：给孩子示范技巧。
你捉不着我！
我就在你后面！
4

嗨，我能一起玩吗？
当然了！！
5

第五步：让孩子练习这个技巧。
我也能一起玩吗？
当然了！！
6

加入的游戏和练习

1. “可以做”和“不要做”的事情

和孩子一起复习下面关于“加入伙伴当中”的“可以做”和“不要做”的事项清单。让孩子在这些清单上增加一些项目。

可以做	不要做
观察别人。	不要嘲笑别人。
顺应形势，跟着别人的节奏玩，大家玩什么就跟着玩儿。	不要试图掌控局面，也不要控制其他孩子的行为。
寻找共同话题。	不要自吹自擂。
通过提问来表示出你的兴趣，这是打破僵局的好办法。	不要批评别人。
向面带微笑、看起来愿意听你说话的小孩，提出你的第一个问题。	不要站得离其他小孩太近或者太远。
加入一群看上去友善的孩子当中，他们玩的游戏安全并且公平。	不要接近那些明显不想和你一起玩的孩子。
	不要中断游戏。
	不要打断别人的谈话。

2. 认识新朋友

和孩子一起做一个“认识新朋友”的日记本，把他的进步记录下来。

这周你有没有想要加入的……

□ 有　　　　□ 没有

描述情况：______________________________

____

写下在“可以做”的清单里，你做到了哪几项？

1.______________________________

2.______________________________

3.______________________________

4.______________________________

父母或者老师的正面评语：______________________________

____

3. 角色扮演

- 和孩子一起进行“角色扮演”，让孩子先扮演“想加入的小孩”，然后再扮演“被加入的小孩”。
- 让他通过尝试加入一个玩牌或者“捉人”的游戏，来练习新技巧。
- 如果可能，让兄弟姐妹也加入到“角色扮演”当中来。
- 专注于练习“可以做”清单里那些好的社交技巧。
- 赞赏孩子好的行为举止。

3学习沟通交流
学会融会贯通
控制愤怒情绪
化解冲突矛盾
解决社交问题
管理压力问题
处理戏弄嘲笑
提高自我尊严
读懂社交信号
学习沟通交流
加入伙伴当中
创造良好开端

在本章中，你将会学到

- 和他人保持眼神交流。
- 积极的倾听技巧。
- 在谈话的间隙，问恰当的问题。
- 找一些话题，表达对别人的兴趣。
- 体验在谈话当中自在地交换意见。
- 维持谈话的进行。
- 尊重他人。
- 运用清晰而愉快的语调。

萨利的故事

萨利的妈妈对女儿很担心。萨利和其他孩子相处的时候，通常能给人留下很好的第一印象，却很难发展持续的友谊。妈妈希望能帮助女儿与他人有更深层次的交往。从表面上看，萨利和其他小孩相处得不错，今年八岁的她，性格外向而自信。她和不熟悉的小孩相处没有什么问题，她会询问是否可以加入到伙伴当中，然后很投入地和他们玩耍。萨利玩的时候，对人非常主动热情，孩子们很快就被她充沛的精力和友善的性情所吸引。

对萨利来说，参与游戏并不难，而维护友谊却不容易。很快就能看出来，萨利很喜欢玩游戏，但是她喜欢用她自己的方式来玩。她用一种很随和的方式，将游戏演变成她喜欢的方式来进行。她开始告诉每个人她的新游戏规则，而不顾及周围人的感受。她认为其他孩子应该会加入进来，如果他们不加入，她就会变得很困惑沮丧。她想不到要询问一下新朋友，看他们喜欢玩什么游戏，也不会通过问问题来了解朋友们的期望。当同伴对萨利热情的提议提出抗议的时候，她也不会听取。她只是按照自己的想法去做，这样的行为导致的结果就是，她不能和一群孩子一起玩，而是很沮丧地走开，或者其他孩子都远离她。

威尔的故事

威尔的爸爸是位个性安静的电脑编程员，他通常都忙于工作，只有当别人主动接近他，他才会有互动。通常情况下，他在一个人的时候会感到更自在，他十二岁的儿子威尔也有同样的倾向。威尔不擅长和别人交谈，和萨利不同的是，他的行为方式不至于受到其他孩子的拒绝或者回避。但威尔不合群，他在接近一个团体或者刚认识的人的时候，更愿意在旁边观察，而不积极参与。威尔的妈妈几年来一直努力帮助他自在地与一群孩子相处，妈妈的个性很外向，她频繁地带威尔参加社交活动，想借此来帮助他。但是威尔现在已经长大了，她不能再为孩子拓展社交生活，也不能像以前那样给邻居的小孩打电话邀请对方来家玩。

威尔只有在不需要说太多话的情况下，才会感到自在，例如玩电脑游戏或者下象棋的时候。如果要求不停地说话，他就会感到很不舒服。他好像不知道接下来该说些什么，只是用简单的“是”或者“不是”来回答问题，结果谈话无法进行下去。威尔不会让周围人加入到谈话当中，也不会主动提问题，而是等别人来问他问题。威尔只有几个一起玩电脑的朋友，他们在一起也很少沟通。他告诉父母他对目前拥有的友谊很满意，喜欢自己一个人消磨时间。其实，他愿意和别人有深入的交谈，爸爸觉得妈妈对儿子的谈话风格有点反应过激，毕竟他们父子俩很像，并且现在无论个人还是事业也都发展得很好。但是妈妈担心威尔没有学习到在生活中与他人交往所需的技巧。

父母的社交类型和个性

很明显，萨利和威尔的个性非常不同。虽然他们都很难和同伴有效沟通，但是他们个性不同，表现困惑的方式也不同。

在帮助孩子提高谈话技巧之前，很重要的一点，就是首先要清楚地知道父母和孩子的社交类型和个性。例如：如果孩子与他人的交往方式和你很类似，即使这种方式并不算太理想，你可能也不会去干涉他。相反，如果孩子的社交方式和你截然不同，即使孩子的方式对他来说很好，你也可能会反应过激。以威尔为例，爸爸个性内向、独立、不合群，所以他并不担心孩子的行为，但是妈妈外向、活泼，她就会非常担心。

小测验

良好谈话技巧

完成下面的小测验，判断孩子是否真正存在谈话困难。观察孩子在和其他人互动的时候，是否经常有这些行为表现：

- 孩子说话的时候是否会看着别人的眼睛？
- 别人和孩子说话的时候，他是否会积极地倾听？
- 孩子是否给别人说话的机会？
- 孩子是否会用冷静、友好的语气说话？
- 孩子是否会通过问问题，来表示出对别人的兴趣？
- 孩子在和别人说话的时候，是否会保持身体不动？
- 孩子是否能经常主动和别人交谈？
- 孩子是否会给其他孩子打电话？
- 孩子表达的内容或者提出的问题，是否和正在讨论的话题有关系？
- 孩子对别人是否会使用恰当的肢体语言？
- 孩子在谈话过程中，是否会用正面的表达方式？例如："太好了！""哇！""对！"

如果你对上面所有问题的回答都是肯定的，那么就可以跳过这一章。如果有些答案是否定的，那么本章还是值得你继续读下去，并尝试做其中的练习。

如何成为一个好的沟通者

要有好的眼神交流

如果仔细分析萨利的情况，我们就会发现，萨利觉察不到来自同伴的负面反应，其中一个原因就是她没有看着他们。她太专注于自己喜欢的事情，没有停下来，看看她的朋友。如果萨利能看着他们的眼睛，或许就能很容易看出他们不情愿的表情，就能听出他们的抗议，然后相应地改变自己的行为。我在第四章会提到更多关于读懂社交信号的内容——面部表情、肢体语言、他人的回应。眼神交流是读懂社交信号的前提。不看着别人的眼睛，体会不到别人的感受和体验，就不可能明白别人给你的暗示。

眼神交流能让人觉得自己很特别。在成人世界里，如果一个人不敢正视你的眼睛，就会被视为不值得信任、缺乏自信，或者自私的人。而在孩子的世界里，如果一个小孩不看着别人，就会被同伴认为是一个没有魅力、不合群、没有趣味的人。在我培训孩子的课程中，会时不时地突然暂停讨论，看看哪些孩子看着正在说话的人。当我们问说话的人，他觉得哪些孩子在听他说话的时候，他自然就会说出那些正在看着他的孩子。看着其他小孩，并且倾听他们说话，会让说话的人自我感觉良好，这样的孩子更容易受到他人的欢迎。

好的眼神交流是学习更微妙、更复杂沟通技巧的基础，眼神交流是成功交流和对话的第一步。

眼神交流秘诀

◎ 在你和孩子说话的时候，确认孩子看着你。

◎ 和孩子一起选择一个代表性的词语，来提醒他看着别人。例如："眼睛！""你看！"这些代表性的词语只是起到提示的作用，但不要让孩子难堪。

◎ 在孩子有好的眼神交流的时候，要记得口头赞赏他。例如："哇，查理，我们谈话的时候，你看着我，让我感觉真好！"

◎ 吃晚饭的时候，一起玩"不许动"的游戏，看看谁在注意听别人说话，谁没有注意听。

练习主动倾听

我所说的"主动倾听"是什么意思呢？它不是一般意义上的倾听，"主动倾听"是让说话的人感受到有人在听自己说话，是有效沟通当中非常重要的一个环节。

让我们再看一下威尔的情况，能看出来他是被动而不是主动地听别人说话。他在等待朋友邀请他参加到谈话当中来。尽管威尔某些主动倾听的技巧掌握得很好，例如眼睛看着别人，身体保持不动，不随便插话等等，但是他没有显示出对说话人的兴趣，好让谈话继续下去。

教会孩子在谈话中使用"主动倾听"的词语很容易。我记得有一次帮助一个名叫大卫的十岁男孩，他虽然是个很好的倾听者，但是不能通过肢体动作来表达他正在认真倾听。

他的眼神交流很好，但是面无表情，一副不感兴趣的样子。我们做了很多的尝试，才想出解决办法。大卫选择了两个方法：肯定地点点头（不常用，但是几次就够了），或者说：“嗯，哦。”这些相对比较简单的主动回应方式，对大卫很管用。大卫使用这些新方法之后，其他小伙伴和他的联系多了起来。

主动倾听的检查表

- 看着对方，脸上露出愉悦的表情。
- 手和身体保持不动。
- 让别人把话说完，不要打断他。
- 时不时地发出声音，或者说些话来表示你对他说的事情感兴趣，例如“嗯”“哦”“原来是这样”“对”。
- 谈话中间，可以提问，或者说一句和主题相关的话。

威尔要做的不单单是发出声音来表示他的兴趣，他要主动地把谈话深入下去。通常来说，孩子喜欢谈论自己，但是他们需要听众的鼓励，才能把话题继续深入。重要的是谈话当中要“有来有往”，就像“传球”游戏。说话的人把球传给听的人，听的人通过“主动倾听”来接球，然后再接着提问，表达出对谈话的兴趣，或者表达出自己对谈话的理解，把球再传给说话的人。为了让“传球”游戏更好玩，需要几个来回才结束。谈话也是一样，需要有来有往几次，对话才能继续下去。所以威尔要做到的不只是倾听，而是通过提问，或者表达自己的意见，来让对话继续深入下去。

孩子可能对外界真的不感兴趣，他只愿意专注在自己的事情上，所以他也并不想把谈话继续下去。“我不在乎他在说什么，为什么要问他问题？”“他很无趣。”面对一个对别人不感兴趣的孩子，会很有挑战。对于这样的孩子，关键是要帮助他了解到：把别人当做朋友，你才能交到朋友。你必需通过说“如果……你会觉得怎样？”来了解和认同别人的感受。当今的文化重视孩子的独立性和自主性，但是这会导致孩子对于识别他人的需求和感受，以及与他人建立联系的能力下降。相互独立与彼此连结并不矛盾，帮助孩子重视他人的意见和意愿，才能发展长久的友谊和深入的关系。

以前

之后

威尔和萨利如何做到"主动倾听"

威尔属于对谈话感兴趣，但是不知道如何让谈话继续下去。他真的不知道接下来该说些什么。我发现有个方法很管用，那就是当别的孩子在和他说话的时候，默默地问自己："接下来该做什么？"例如：约翰向威尔走来，并且兴奋地说："嗨，威尔，我今天踢进了足球比赛唯一一个进球！"威尔可以耸耸肩，简单地说一句"哦"，或者不做任何反应。但是他可以停下来，想一下："我该说些什么话，好让谈话继续下去呢？"或者："接下来该怎么做呢？"他可以说："太好了！你下一场比赛是什么时候？"或者："哇！你最喜欢足球，是吗？"这两种回应方式，都可以鼓励约翰继续说下去。如果约翰回答："我最喜欢足球，你呢？"威尔可以回答："我喜欢棒球。"然后，威尔可以想想："接下来该做什么？"他可以这样回应约翰："约翰，你玩棒球吗？"这样，威尔不仅能让对话继续进行下去，而且还可以把话题进一步引向深入。他甚至可以把这样的对话当做一个游戏，看看在"球"落地之前，能传多少个来回。

萨利面临的挑战和威尔不太一样。只要说话的人不对威尔提要求，他可以一直听下去。萨利的纠结在于，不知道如何在谈话中有来有往，因为她总是说的多，听的少。萨利滔滔不绝地说话，而不顾及听的人，她的讲话风格比威尔要冲动得多。她等不及别人回应就打断别人说话，或者想说的话总是脱口而出。在对话当中等待间隔，对萨利来说非常痛苦。她被其他孩子拒绝的其中一个原因，就是在他们还没有来得及对前一个话题做回应的时候，她已经转移到下一个话题了，这让同伴感觉被忽视。萨利需要放慢节奏，在说话之前先想一想，这样可以给自己时间来倾听其他孩子在说什么。对她来说，插空说话是最大的挑战。

“主动倾听”技巧的秘诀

◎ 用“主动倾听”的方式来和孩子交谈。当孩子和你说话的时候，可以用一些话语或者问题，来表示你对他所谈的话题感兴趣。孩子可以通过你的示范，来学习这个技巧。

◎ 做一个“星星表”。每次看到孩子使用“主动倾听”技巧，就奖励他一颗星星。

◎ 和孩子通过“角色扮演”来练习。孩子喜欢扮演别人的角色，看看他能让谈话持续多久。

使用清晰愉悦的语调

如果孩子说话不清楚，或者声音太大，你需要带他做一下听力测试，确认不是生理上的问题。如果他的听力没有问题，那就需要你来帮助他调整说话的语调。我非常清楚地记得，我儿子六岁的时候，他意识不到自己的声音又大又粗哑，我就需要帮助他了解他的声音在别人听起来是什么样子的。

改善声音语调的秘诀

◎ 给孩子录音或者录像，然后重新播放，让孩子从旁观者的角度来听听自己的声音，他或许会对自己的声音大吃一惊。

◎ 孩子在室内玩的时候，温和地提醒他用适合室内的声音，而不像在户外操场上那么大的声音。

◎ 当孩子能保持低声说话的时候，就奖励他。

◎ 每次孩子说话声音太大的时候，在他的手上或者纸上做个标记，累计到一定数量后，就剥夺一些权利。（我愿意尽量用奖励的方式，但有的时候果断地使用惩罚可能会更起作用，也更有效。）

尊重别人的身体空间

在我办公室里，会看到有些孩子意识不到自己和别人的身体界限。他们就像身体松软的小狗，完全意识不到自己离人太近的时候，会让别人产生多么不舒服的感觉。这种行为可能是发育的问题。当孩子三四岁的时候，他们互相抱在一起，或者互相冲撞，我们不会在意。他们的自我控制能力还没有发育完全，我们会认为这是他们表达友爱的方式。但是如果大孩子拥抱、亲吻，或者站得离我们太近，就没那么可爱了。特别是对于男孩子，如果他离得太近，通常会被拒绝和排斥。留心观察一下，如果别的小孩从你的孩子身边往后退，很可能是因为他的个人空间被侵犯了。

尊重别人身体空间的技巧

- 让孩子站在呼啦圈的中心，或者在孩子周围画出一个半径三英尺的圆圈，让他体验一下和别人交谈的时候，应该保持多远的距离。
- 不要让孩子在上小学的时候和陌生人亲近，和其他孩子也不要这样。
- 帮助孩子分辨什么是恰当的身体接触，什么是不恰当的身体接触。

沟通的游戏和练习

1. “可以做”和“不要做”的事情

和孩子一起复习沟通过程中哪些事情是“可以做”的，哪些是“不要做”的。把这个清单贴在家里显眼的位置，定期复习，并且奖励孩子的好行为。让孩子想一想，还有哪些可以加在这个清单里。

可以做

在谈话间隔的时候开口说话。

问合宜的问题。

用清晰、愉悦的语调说话。

眼睛直视对方。

使用“主动倾听”的语言。

不要做

不要独自霸占整个对话。

不要太快地改变话题。

不要在别人说话的时候，打断他们。

2. 故事游戏

和孩子一起轮流讲故事。你先开始，当你停下来的时候，让孩子继续把故事讲下去。重要的是他要耐心等待，只有轮到他开口的时候，才可以讲。他接着讲的故事要和你刚才讲的有关联。

3. **对话游戏**

让孩子有机会与你和家人对话。餐桌是玩这个游戏的好地方。在桌子中间放一个容器，游戏的目的是让家人赢得更多硬币。先从一位家人开始，开场说完之后，每提一个相关的问题，就把两枚硬币作为奖励放入容器中。每次说一句相关的话，就把一枚硬币放到容器中。如果有人插话，或者突然改变话题，就要拿走一枚硬币。让全家人一起来玩这个游戏。

谈话游戏

4. 电视谈话节目游戏

让孩子就像电视谈话节目主持人那样来采访你。如果能把采访录下来，会更好。谈话节目的主持人有三个目标。

主持人的目标	嘉宾的目标
运用“主动倾听”的技巧，让嘉宾感觉自在。	有礼貌地回答主持人的提问。
问嘉宾问题，显示出你对他的兴趣。	专注于主题。
针对谈论的话题，与嘉宾分享你的想法。	运用“主动倾听”的技巧

现在角色互换，你来采访孩子，让他体验两种不同的角色。

5. 谈话记录本

做一个周记本，跟踪记录积极正面的互动行为。用贴纸、积分或者星星来奖励孩子，这些东西积累到一定数量可以兑换成某种特权。下面是谈话记录本的范例：

描述你们的谈话 ______________________________

____

你和父母一起练习的时候，是否试着使用这些谈话技巧？

____

你想到要用哪些技巧？ ______________________________

____

你实际上用到了哪些技巧？

____

____

效果怎么样？（根本没用，有一点用，很有用。）

____

____

6.“复述式倾听”游戏

玩“复述式倾听”游戏很有挑战性，玩的时候会感觉不太自然。游戏的重点是练习听觉肌肉。没有人会要求你在日常对话中使用这种倾听方式。

家庭成员 A	家庭成员 B
成员A发起一个谈话。例如：“你今天在学校过得怎么样？”	成员B在回答之前，先重复成员A所说的：“你想知道我今天过得怎么样？老师在全班同学面前对我大吼大叫，因为我忘写作业了。你今天过得怎么样？”
成员A回答：“你想知道我今天过得怎么样？你今天过得很糟糕，因为老师对你大吼大叫。真为你难过。我今天过得很一般。”	成员B回答：“你今天过得很一般。谢谢你关心我。”

你可以对家人运用“复述式倾听”进行奖励。

“复述式倾听”游戏

1

2

3

4

7.“接下来怎么做”游戏

和孩子一起玩“接下来怎么做”的游戏，这个游戏能帮助孩子把谈话深入下去。

- 一名家庭成员发起一个话题。
- 孩子必须思考和话题相关的意见或者问题，让谈话继续下去。
- 就像玩“传球”游戏一样，谈话可以一直继续下去，直到说完为止。
- 每提一个意见或者问题，可以赢得一项奖励。

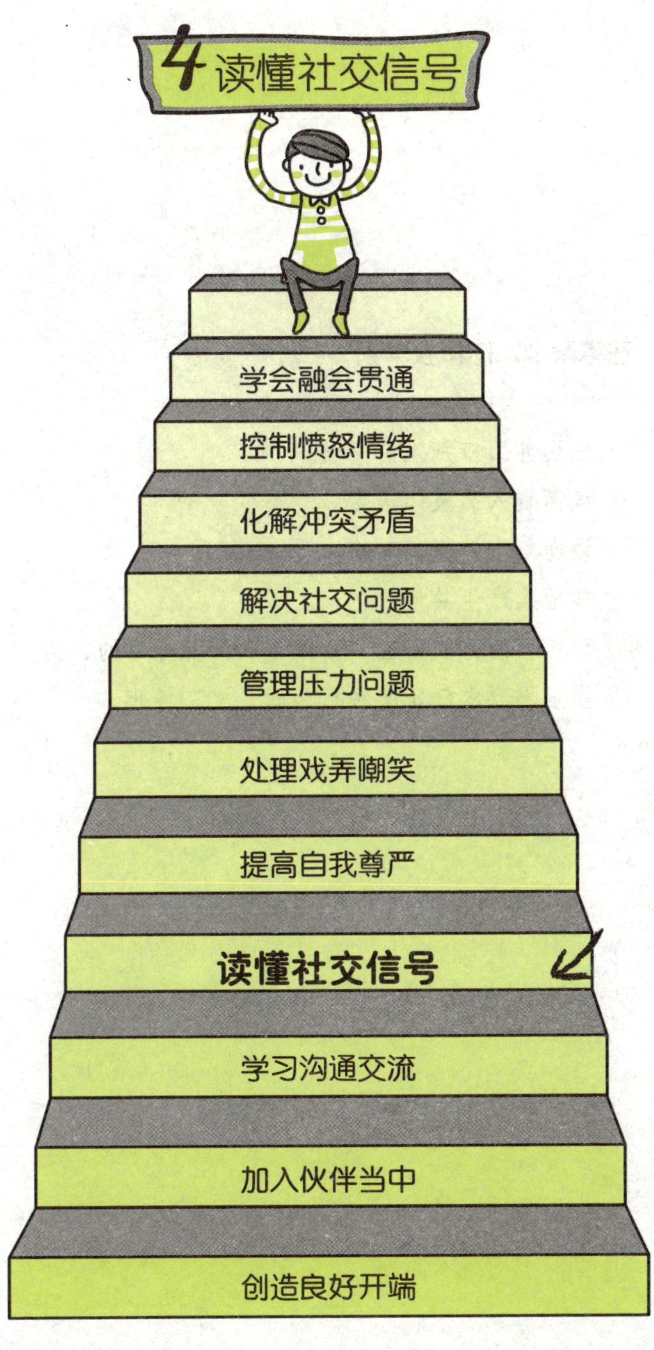
4 读懂社交信号
学会融会贯通
控制愤怒情绪
化解冲突矛盾
解决社交问题
管理压力问题
处理戏弄嘲笑
提高自我尊严
读懂社交信号
学习沟通交流
加入伙伴当中
创造良好开端

在本章中，你将会学到

- 识别并回应别人的感受。
- 读懂别人的肢体语言。
- 读懂别人的面部表情。
- 和他人产生共情。
- 用恰当的方式回应“故意”和“意外”的行为。
- 当别人要求停止某种行为时，立刻停止。

安迪的故事

安迪今年十一岁，上六年级。他的父母担心儿子明年上初中之后，没有办法和同伴相处融洽。安迪在小区里有几个好朋友，已经认识很长时间了。他信任他们，也和他们相处融洽，但是这些孩子上了附近的一所地方学校。安迪从公立学校回家，经常抱怨其他孩子在走廊里绊倒他。他说："他们总是绊倒我。下次，我要把他们撞倒。"安迪的父母听了儿子的话，很同情他，但是他们感到无能为力，不知道该怎么办。最后，他们决定找安迪的老师。老师否认有同学招惹安迪，但是她确实知道有的时候，安迪对一些微不足道的小事反应过激。如果有人开玩笑善意地戳他一下，他就会把这件事看得很严重，很生气。老师担心如果安迪一直对这些鸡毛蒜皮的小事反应过度，孩子们会把他看做欺负的对象，并且嘲笑他；或者把他看做一个"小霸王"，避免和他接触。

罗拉的故事

罗拉上三年级，班里的同学都叫她"无厘头"。罗拉在班里说的事情很可笑。她宣称自己是外国的公主，有一个上四年级的男生是他的王子。她说想要和这个男孩结婚，并且亲吻他。其他孩子对他翻白眼，她却全然不知。她只看到班里有一两个同学在笑。罗拉认为那些咯咯笑的人，是在和她

1

一起笑，而不是嘲笑她。所以她继续讲那些无聊的故事，让他们笑得更厉害。老师警告她安静下来，罗拉却没有注意到老师，她在意的是同学的笑声和窃窃私语，她希望他们能喜欢她的故事。所以她继续讲那些无厘头的故事，声音越来越大，动作也越来越夸张。其他孩子则让她保持安静。课间的时候，老师把罗拉留下来，因为她需要完成刚才因为玩闹而没有做完的功课。罗拉不明白为什么要受惩罚，也搞不懂为什么她尽力取悦班里的同学，他们还是不喜欢她。这已经是本月第四次带着“纪律问题”的纸条回家了。罗拉的父母对女儿的问题感到很头疼，他们向她解释什么是恰当的行为举止，但她似乎并不理解。

2

3

小测验

读懂社交信号

完成下面的小测验，判断孩子是否在“读懂社交信号”方面存在困难。

- 孩子在接近其他人的时候，是否能运用合适的方式，并且考虑到别人的感受？
- 别的小孩要求你的孩子停止做某事的时候，他是否能停下来不做？
- 当孩子看到另外一个小孩给他很难看的脸色时，他的行为是否因此而有所改变？例如孩子在大吼大叫的时候遭到白眼，他是否会停止大吼大叫？
- 孩子在和其他人一起玩的时候，是否能遵从别人的意见？
- 孩子是否能输得起？
- 孩子对一个意外发生的行为是否有恰当的反应？（或者他通常认为这种情况就是故意的？）
- 当孩子听到朋友讲一件让人难过的事情时，他是否能表达安慰的话，例如“哦，真是太糟糕了”。

罗拉和安迪的例子，反应出有些孩子在读懂和理解社交信号上存在困难。社交能力强的孩子能时不时地观察留意周围的环境，并且发现一些迹象，来指导自己的社交行为。这些孩子能很轻易地融入到周围发生的事情中，并且知道在这种情况下，行为举止该如何表现。他们通常体验过各种不同的情绪，并且能用恰当的方式表达和识别这些复杂的情绪。这个技巧使他们更容易与他人产生同理心。

如果你对上面所有问题的回答都是肯定的，那么就可以跳过这一章。如果有些答案是否定的，那么本章还是值得你继续读下去，并尝试做其中的练习。

同理心

与别人产生同理心是一个很复杂的技巧。同理心的意思就是通过观察他所说的，以及非语言表达出的信息，来体验和思考他的感受。

良好同理心检查表

- 专心听别人说话。
- 留意其他人的行为，试着理解这些行为所传递的信息是什么。
- 想象对方的感受。
- 用恰当的方式回应。

哇！这看起来真是一个相当复杂的过程。难怪有这么多孩子（还有成年人）在这方面非常纠结。

以罗拉为例，她把同学的暗示当成了另外一种语言。尽管罗拉非常希望同学们能喜欢她，在学校她也尽力留意自己的社交信号，但是她的行为却适得其反。安迪则属于另外一种情况，只要他信任同学，还是有能力和他们融洽相处的。问题是他不相信学校里的任何人，并且总是把周围的人往坏处想。

培养同理心

下面的步骤可以帮助你培养孩子的同理心。在这方面，使用具体的例子，以及给孩子示范恰当的行为方式，都是非常有效的方法。

第一步：留意孩子生活中发生的事情。

首先要弄清楚孩子的社交世界。问孩子一些关于他的朋友及熟人的具体问题，“午饭的时候谁坐你对面？”“今天和苏姗聊了些什么？”“课间的时候，你喜欢玩什么？”这些问题让孩子了解到周围发生事情的重要性，以及人际关系需要发展和维护。

第二步：提醒孩子思考别人的感受和反应。

让孩子去思考他人的需要。例如“你觉得丹尼推乔伊的时候，乔伊会有什么感受？”，“你为什么认为玛丽没有邀请杰克参加生日聚会？”孩子回答的时候，你要确保自己能冷静回应。在发表自己的意见之前，先听孩子把话说完。孩子需要感受到即使你和他的看法不完全一样，他的观点仍然是受到重视的。

第三步：帮助孩子掌握更丰富、更细致的表达情绪的词语。

孩子能理解自己的感受，并且用清楚而冷静的方式表达出来，这是非常难得的。有健康社交行为的孩子，往往对自己的情绪有深刻的理解，这种能力可以帮助他体会别人的感受。为了帮助孩子对自己的情绪有更多的认识，可以从教导孩子“每周情绪”开始。先从简单的开始，例如：生气、难过、高兴，然后再过渡到较难的词语，例如：沮丧、失望、困惑（参见下面表格中关于情绪的描述，和孩子一起复习）。我发现把“每周情绪”贴在家里一个显眼的地方（例如提示板、冰箱）会非常有用。这周当中，谈话的时候使用这个描述情绪的词，如果孩子表现出这种情绪，就告诉孩子。

描述情绪的词语列表

生气	难过	高兴	快乐
失望	愤怒	生气	困惑
沮丧	满意	感兴趣	关爱
亲切	有压力	无聊	喜悦
体贴	震惊	梦幻	内疚
害怕	不舒服	糊涂	兴奋
尴尬	害羞	惊讶	急躁
孤独	焦虑	不满	勇敢
嫉妒	疲倦	骄傲	担忧

你要确保用开放的心态清晰地向孩子表达自己的情绪，孩子通过观察和模仿你，会学习到更多。你对自己情绪的表达，也让孩子能进一步探索自己的情绪。不用担心告诉孩子

这样的话："我爱爸爸，但有时候真的很生他的气。""上班的时候，老板盯着我干活，让我觉得很沮丧。"或者："我没有在最后期限做完，让我对自己很失望。"

第四步：帮助孩子了解肢体语言和面部表情。

学习这项技巧很有意思。通过观察他人的面部表情和肢体语言所传递的信息，来帮助孩子了解他们说话做事的动机和感受。向孩子强调对方发出的信号，以及所传递的是什么感受。例如：面红耳赤、说话声音很大表示他很愤怒，或者睁大眼睛和嘴巴表示很吃惊。你可以和孩子讨论，当一个人产生上面所说的情绪时，会有什么样的面部表情。

第五步：帮助孩子留意话语当中给出的暗示。

那些识别社交信号有困难的孩子，常常分辨不出语气的不同。他们可能会反应过激，把限制性的语气看做是生气；还有可能反应迟钝，当别人限制他们某种行为的时候，没有当回事。这个技巧很难教给孩子。罗拉和安迪在这方面都有困难，安迪误解了语言的暗示，而罗拉则根本没有意识到这些信号。

在这方面孩子们常见的一个问题就是，当别人让他们停止某种行为的时候，他们不予理睬。这种情况在兄弟姐妹之间更常见。你是否见过大孩子试图阻止小孩子停止那些招人讨厌的行为？大孩子根本不可能成功，反而会非常沮丧。同样的情形也经常在操场或者课间发生。减少这种行为的最好方法，就是当不让孩子做某些事的时候，如果他能停止不做，就给予奖励。例如：当哥哥要求四岁的弟弟不要戳他的时候，如果弟弟能停止，就告诉他你很高兴看到他能听话。

第六步：鼓励孩子多一些幽默感。

众所周知，大笑有治愈的功效。想一想开怀大笑之后，感觉有多好。对孩子来说，大笑也有一样的效果。但是幽默感很难保持。孩子的生活中有很多压力，例如来自学业和同伴方面的压力，你可以帮助孩子看到生活中有趣好玩的一面。吃饭的时候讲些笑话，带孩子一起看喜剧片。最重要的是，教导孩子如何自我解嘲。下次你犯错的时候，指出自己的错误，然后大声取笑自己。帮助孩子看到犯错是人生的一部分，犯错没有什么大不了的，要从错误中学习，然后生活还会继续。

鼓励幽默感！

像安迪这类型的孩子不知道如何应对别人的嘲笑和欺负，往往会对别人并无恶意的行为看得太过严重。帮助孩子分辨出有些行为是出于善意并非恶意。即使不是每次都出自善意，但在下结论之前，先假设对方并无恶意，这样做并无伤大雅。处理这类事情最好的地方就是在家里和兄弟姐妹在一起的时候。兄弟姐妹之间的关系最适合理解和练习本书所涉及的技巧。和孩子练习与兄弟姐妹一起笑对所面临的事情，我相信，这个技巧会也一定适用于处理学校和邻里关系。

第七步：教导孩子用同理心来回应他人。

即使孩子不太理解别人表达的细节，他也要做出似乎理解的样子来回应，这一点很重要。例如朱莉告诉阿莎力她和妈妈吵架了，阿莎力莉并不知道朱莉为什么和妈妈吵，但是也要通过倾听、点头、关心的表情，来表现出她了解朱莉的感受，这很重要。当你表现出你能理解的时候，往往就会让你真正理解了。就像你做出自信的样子，就会变得越来越自信一样。如果你对别人面临的问题表现出同情，那你就会真的理解同情他的处境。

按照这个思路，教导孩子用一些短语来表达同理心。例如："哦"（用失望的语气）。帮助他做出表示关心的面部表情和肢体动作，你可以在镜子前做这个练习。花时间选择能表达同理心的词语和表情，然后逐步教导孩子问下面一些问题，来帮助对方敞开心扉，而不是变得更封闭。有一些话语会让人更封闭自己，例如："这没有什么大不了的。这种事情经常发生在我身上。"或者"你为什么会这么难过？"让对方打开心扉的提问方式应该是："是什么让你这么心烦？""你想说说这件事吗？”

如果孩子表现出同理心的时候，就给他一个具体的赞赏。“塞恩，你知道吗？我感觉到你在乎我所说的，因为你看着我说话，并且把手放在我手臂上，表示你在乎我。谢谢！”

你还可以在家里或者学校给孩子设计一张图表，来自我监督。你或者老师让孩子来评价一下自己。用笑脸表示好的社交行为，用没有表情的脸表示一般的社交行为，用皱眉头的脸表示不好的社交行为。对比一下你和孩子的评估是不是一致，如果一致，就奖励孩子一个贴画或者积分，以后可以兑换成某些特权。更重要的是，在开始的时候，孩子的评估要和你的评估保持一致，这样你才知道他对自己的表现有正确的认识。最终的目标是你们俩的评价相符，并且持续保持好的社交行为。

第八步：鼓励孩子灵活地接纳别人的感受。

帮助孩子通过礼貌的方式来认同和体会别人的感受。让家里的客人来选择他们想玩的游戏，提醒孩子顺应形式的重要性。让孩子告诉你他的朋友喜欢玩什么，或者愿意做什么事情。

鼓励孩子要接纳别的孩子，而不要排斥他们。不鼓励搞小团伙。特别是在小学的中间阶段，接纳和排斥是个大问题。尤其是女孩喜欢搞“圈内人”和“圈外人”、赢家和输家。帮助孩子学习包容和接纳他人，了解到世界是由兴趣各不相同的孩子所组成。

安迪和罗拉如何读懂社交信号

安迪的父母在开始的时候做得很好，他们能仔细倾听安迪对学校发生事情的看法。他们既没有批评忽视他，也没有对他所说的反应过激。找老师谈话也是很好的处理方式，因为老师会从学校的角度说出他对事情的看法。如果安迪被人欺负或者威胁，学校有必要知道，并采取适当的行动。如果安迪没有被欺负，而是对别人的行为反应过激，父母就需要知道事情的真相，以便帮助安迪。

和老师谈话之后，安迪的父母给予他很多支持。爸爸给他讲述了自己从前被欺负的经历，并且告诉他当时是如何处理的。父母开始用游戏的方式逗他，借此来培养他的“厚脸皮”，并示范如何自我解嘲。他们很高兴和安迪一起通过“角色扮演”来练习。例如：他们假装在走廊撞了一下安迪，练习如何不予理会。安迪开始明白什么样的行为是有意的，什么样的行为是偶然的。他学会了当别人撞到他之后表示歉意，就表明可能不是故意撞的。他意识到自己在拥挤的走廊里，也很容易撞到别人，并不是故意的。安迪渐渐和一名男生成了好朋友，有些课程他们会一起上，还一起吃午饭、去教室。这份友谊让安迪在学校里更有安全感。不久，安迪不再向父母抱怨在学校里被同学欺负。他更快乐，也更能掌控自己的生活了。

安迪只面临一个主要问题，而罗拉却有好几个问题要处理。她想让同学们喜欢自己，也想交朋友，但是她确实不知道如何让别人喜欢她。罗拉的父母决定通过更正式的社交技巧课程来提高她的社交技能。他们没有足够的经费带她去找私人治疗师或者参加小组学习项目，所以决定自己来训练女儿。他们买来几本关于社交技巧训练方面的书籍，并加入学校的“午餐团”。“午餐团”由班里同学组成，目的是在学习社交技巧的时候，互相支持并给予反馈。他们让罗拉尽可能多参加社交活动，给她报名参加骑马和美术课程，这些活动从本质上来说，都需要彼此合作，而不是竞争。

她的父母用循序渐进的方式来解决问题。他们每个月选择一个技巧来教导罗拉，告诉老师他们现在正在努力做的事情，并且请老师在学校里强化这些技巧。他们花了很长时间，来帮助罗拉更多地了解情绪的表达和理解，还给她读书，并且询问她书里的人物是什么感觉，又是什么事情让她产生那种感觉。罗拉的进步很慢，但是很稳定。经过一年专注社交技巧的训练，老师发现，班里同学对罗拉的嘲笑没有了。她说，罗拉的行为方式不再混乱了，她开始和其他同学在操场上玩了。罗拉的父母很高兴看到女儿的进步，并且继续教导她交朋友和维护友谊所需的社交技巧。

读懂社交信号的游戏和练习

1. 和孩子一起读书

停下来，和孩子一起讨论故事里的人物有什么感受。

2. 看杂志图片上的面部表情和肢体语言

写下符合表情的词语。

3. 画脸谱：面无表情、高兴、难过、困惑的脸，等等

评价每张脸。

4. “情绪游戏”的命名

一起看电视或者电影的时候，暂停下来，讨论人物的情绪，以及他们是如何传达这种情绪的。

5. 照镜子游戏

让孩子站在镜子前，表现各种情绪，让孩子评论这些情绪是否被清晰地表达出来了。你也可以给孩子录像，然后做相同的练习。

6. 帽子游戏

把不同的情绪写在纸条上，放进帽子里（1 号帽子里放“快乐”、“伤心”、“害怕”、“沮丧”、“兴奋”、“愤怒”等）；把写有不同动作的纸条放进另外一顶帽子里（2 号帽子里放“和朋友打招呼”、“脱下大衣”、“邀请朋友来玩”等），让孩子从“情绪”帽子和“动作”帽子里分别取出一张纸条。这个游戏的目的是用某种“情绪”来完成某个“动作”，其他人来猜是哪种情绪。这个游戏的目的是增强孩子对他人情绪的感知能力，同时也让表演的人更清楚地表达他们的情绪。

7. 猜词游戏

这个游戏的目的是通过肢体语言来猜出人物所表达的情绪。由一位家庭成员做一个动作，然后静止不动，其他人来猜这个动作所表现的情绪。你可以通过复杂的情绪来提高难度。

8. 观察游戏

和孩子坐在一个便于观察别人的地方，例如公园的长椅上，一起观察人们的面部表情和肢体语言，看看它们到底传达什么样的情绪。可以试着根据那些人的外貌特征来编一个故事。你可以这样问孩子："你认为那个男的是干什么工作的？"或者："你认为那个人要去哪儿？"留意那些帮助我们理解他人感受的信号，然后提出你的疑惑："你认为那个男孩为什么哭？""从那位妈妈的表情中，你能看出她的情绪是怎样的？"告诉孩子通过观察人们行为举止就能知道他的感受。"注意看她的脸通红，声音也提高了，咬牙切齿的样子，她一定很生气！"和孩子一起玩"猜猜看"的游戏，观察他是否能猜出别人的情绪。

9. 训练图表

你还可以在家里或者学校给孩子设计一张图表，来自我监督。你或者老师让孩子来评价一下自己。用笑脸表示好的社交行为，用没有表情的脸表示一般的社交行为，用皱眉头的脸表示不好的社交行为。看看你和孩子的评估是不是一致，如果一致，就奖励孩子一个贴画或者积分，以后可以兑换成某些特权。更重要的是，在开始的时候，孩子的评估要和你的评估保持一致，这样你才知道他对自己的表现有正确的认识。最终的目标是你们俩的评价相符，并且持续保持好的社交行为。

10. 录像

在孩子不知情的情况下给他录像。有时候孩子不知道自己在别人面前是什么样子的，每次在我们的培训小组中给孩子放录像的时候，大部分孩子会对录像中的自己感到惊讶。“真不敢相信，我会那么做！”这个方法可以让孩子们透过别人的眼睛来看自己，并且帮助他们根据别人的反应来修正自己的行为。

11. 录音游戏

用录音机给自己录音，重复说同一个词语，但是每次用不同语调。回放给孩子听，看他是否能分辨出每种语调所代表的情绪。例如：你选择“留下来”这个词，第一次用生气的语气说，然后用坚定但不带情绪的方式说，接下来，用提问的语气，再用沮丧的语气说，等等。这个练习比想象的要难。不妨试一试！

5 提高自我尊严
学会融会贯通
控制愤怒情绪
化解冲突矛盾
解决社交问题
管理压力问题
处理戏弄嘲笑
提高自我尊严
读懂社交信号
学习沟通交流
加入伙伴当中
创造良好开端

在本章中，你将会学到

- 客观评价他的优缺点。
- 欣赏自己与他人的不同。
- 运用自我监督的技巧。
- 运用“积极自我谈话”技巧。
- 对自己的行为负责。
- 接受自己所犯的错误，并从中汲取教训。
- 对他取得的成绩表示赞赏。
- 尊重他人的需求。

艾米丽的故事

艾米丽今年七岁，她很容易选择放弃，似乎没有自信来解决所遇到的问题。她的父母形容她是个开朗但不出色的孩子。老师听说她在班里做错事的时候，常说自己很笨。她的完美主义也体现在对待同学方面，她不能容忍他们犯任何小错误。她还坚持纠正别人的错误，好像要掌控别人做的每一件事。同学们一开始还接受她的这种行为，但是现在开始讨厌她了。他们有意躲避她，周末和放学以后很少有人邀请她一起玩。

杰克的故事

杰克今年九岁，表面上看他很自信。他总是在交谈中流露出自己有多聪明。为了证明这一点，他会和朋友进行较量，显示出他比别人更强。例如："我打赌你不知道 123 乘 245 是多少？"每次他的同学告诉他一个自己引以为豪的事情，杰克总是说一件更了不起的事情。小区里的孩子都不喜欢和他一起玩，因为他们说他总是"作弊"或者"修改规则"。他的妈妈接到一些电话，说他在公交车站欺负小孩。他嘲笑别人，并且挑衅他们打架。父母非常担心他的行为，杰克以前经常被欺负，现在他好像反过来要欺负别人了。

杰克和艾米丽的自尊心都很低，这样的孩子会采用某种特殊行为来弥补自己的自怜情绪。从上面的例子中可以看到，自尊心低的孩子表现形式也不尽相同。

小测验

自尊心

做下面的小测验，判断是否需要增强孩子的自尊心。

- 孩子是否能客观地了解自己的优势和短处?
- 孩子是否能用好的心态看待自己?
- 其他孩子拿他开玩笑，他是否会跟着一起笑?
- 他是否能接受建设性的批评意见，并做相应的改变?
- 他是否能接受赞赏，并且继续自己的好行为?
- 他是否能容忍别人的不同?（如果孩子苛刻地批评别人，或者嘲笑别人的弱点，那很明显他不能容忍别人。）
- 孩子难过的时候，是否很容易就平静下来?
- 孩子是否为自己干净整洁合宜的外表而感到自豪?
- 孩子是否能用坚定的语气向同伴表达他的需求?
- 孩子是否能为自己的错误承担责任?
- 孩子在遇到挫折的时候是否还能坚持不懈?
- 孩子是否能有效地处理挫折?
- 孩子是否能对同伴说“不”?
- 孩子是否能自信地面对新认识的朋友?
- 孩子在参加一项新的活动的时候，是否会期待成功?

这些问题不仅涉及孩子如何看待自己，而且也能看出他是否能为自己的行为负责。如果上面所有问题的回答都是肯定的，那么就可以跳过这一章。如果有些答案是否定的，那么本章还是值得你继续读下去，并尝试做其中的练习。

“自尊心”与“良好社交技巧”的关联

近几年来发表的研究成果，都在强调具备较强自尊心对于孩子情感发展的重要性。到附近的书店看看，你就能找到很多讨论这方面话题的书籍。或许你已经知道自尊心的重要性，但是可能还并不了解如何帮助孩子培养自尊。本章所讨论的重点就是“自尊如何影响到孩子与同伴之间的关系”，以及作为家长如何帮助孩子建立良好的自我感觉。孩子一旦具备了良好的自尊，那么他就很容易和同伴建立所需要的友谊。“爱自己，才能爱别人”这句话适用于爱情，也同样适用于友谊，也就是说“要得到朋友，首先要做别人的朋友”。

我辅导过的孩子对于自尊是这样定义的：“自尊就是我们对自己的一种感觉。”“如果你具备自尊，那么就会喜欢自己。”“我很好，所以我有自尊。”当我们思考关于自尊的问题时，通常想到的是对于自己的想法和感受，有时候，我们会忘记自尊也指对于自己能力和自我控制的感受。

低自尊的孩子会感到很无助，他们觉得无论怎么做，都不会有什么改变。对于低自尊的孩子而言，当好事发生在他们身上的时候，他们会认为那是侥幸；而不好的事情发生的时候，他们会认为运气不好，或者都是别人的错。例如，一个低自尊的孩子可能会说："飞盘正好传向我，所以我才接到它。"而一个高自尊的孩子则会说："我和爸爸练习了很久，所以我能接到飞盘。"低自尊同时又有学习障碍的孩子会说："老师讨厌我，所以我考试不及格。"而高自尊的孩子能对自己的行为承担责任，他会说："我对考试没有付出足够的努力，下次我要花更多的时间来准备考试。"一个低自尊并且在交友上有困难的孩子会说："班里所有的同学都和我作对，因为他们都是笨蛋！"而一个高自尊的孩子，当他遇到同样的问题时会说："哇！我要改变自己的行为，好让他们喜欢我。"

> 在社交方面，缺乏自信的孩子与自信的孩子会有不同的选择。

低自尊的孩子倾向于选择自尊心不高的孩子做朋友，这些选择的结果就是自尊心更低，造成恶性循环。

高自尊的孩子　　　　低自尊的孩子

自尊心影响艾米丽和杰克与同伴的关系

艾米丽认为她所犯的错误似乎反应的就是她自己，她说自己是“笨蛋”。为了掌控自己的生活，她做出了不好的社交选择。例如：她告诉别人应该怎么做，这样的行为会让大家逃避她。艾米丽不理解同伴的反应，她感觉受到伤害，她的自尊因此更低落了。

杰克也陷入类似的循环当中。他通过过度吹嘘来掩饰对自己的不好感觉。吹牛并贬低别人让他感受到自己的力量，他不知道这种力量还可以通过别的方式得到。这样的行为造成了很差的同伴关系，并且严重危害到他的自尊。为了得到补偿，杰克通过把自己和同学孤立开，来自我防御。

对于艾米丽和杰克的情形，我们不能把他们的“自我感觉”和“对待同伴的方式”分开来看。一个肯定自我价值的孩子能顾及他人的需要，“尊重他人”是孩子有高自尊的直接体现。下面所列的是我们通常认为“高自尊”和“低自尊”的行为表现：

高自尊的孩子	低自尊的孩子
体态放松、平衡	把自己的行为怪罪别人
和别人有良好的眼神交流	说话声音太大或者太小
有明亮而敏锐的双眼	想要每个人都喜欢他
有良好的人际关系	认为自己是失败者
保持良好的个人卫生	对别人苛刻
拥有高自尊的朋友	在交友和维护友谊方面有困难
客观了解自己的优缺点	不能接受赞美
能接受拒绝或者严厉的回应	不能为自己的行为承担责任
可以对同伴说“不”	很容易沮丧
设立小的目标，并且努力实现	对自己有负面评价
可以配合他人的需求	容易放弃
能够持之以恒	自吹自擂
有非常稳定的情绪	欺负别人

“我是否降低了孩子的自尊？”

为人父母，责任重大。我们经常怀疑自己是不是做得不够好。我常听到父母讲：“我很爱我的孩子，总是鼓励她，赞赏她，但是她还是对自己很苛刻。”或者“为什么我的孩子自尊心这么低，我做的什么事情造成这样的结果？”再或者“我告诉孩子他很棒，但是他不相信我，我该怎么办？”

> 每个孩子来到这个世界，都有不同的个性，有一部分是来自遗传。

我也一直很惊讶地看到很多孩子成长在舒适、有爱又有安全感的家庭，但是他们仍然存在自尊方面的问题。同样，我也认识一些孩子，他们遭受过难以想象的虐待，家庭很不稳定，生活环境也很不安全，但是这些孩子仍然有很强的自我价值感。当我还是个年轻的治疗师的时候，还没有孩子，我发现自己很容易把孩子的社交和情绪表现，怪罪到父母身上。“如果父母能……孩子就会好很多。”“为什么他们不能……”也许是因为这种态度让我觉得更能掌控自己的工作。

但是，现在我知道了有些婴儿一生下来就很文静温和，有些则相反。有的婴儿和人接触需要很慢的预热过程，而有的对外界刺激非常敏感。有的婴儿大哭，有的只会呜咽。有的婴儿急着认识其他人，有的则小心翼翼。

婴儿的反应没有预见性。例如：父母对孩子微笑，可能不会引起孩子对父母微笑。相对于那些能自然融入到群体当中、个性又很随和的孩子来说，难以相处的孩子会因为自己的个性而得到不一样的对待方式。总之，难以相处的孩子会让照顾他的人感到自己不能胜任工作。父母经常会发现养育老大的成功经验，在个性更复杂的老二身上却一点也不管用。当然，这并不是说这个孩子的人生就不可救药了，而是要给他提供适合的成长环境。

在孩子的一生中，会受到许多重要的外界因素影响。老师、兄弟姐妹、祖父母，以及朋友都会对孩子的自尊产生影响。孩子的天性决定了他是否能很容易被别人了解。例如：一个孩子在课堂上不守规矩，通常会得到老师对他的负面评价，那么就会给他带来负面情绪，进而和老师陷入恶性循环的互动中。

> 性格比较复杂的婴儿更容易有自尊的问题。

作为父母，你无法完全控制谁和孩子接触，但是你可以在家庭生活中创建一种有助于孩子成长的环境。重要的是你首先要接纳孩子独一无二的个性，抛弃那些不现实的期望。这并不是说不给孩子设立规矩和界限，你需要觉察任何对孩子失望的情绪，并且努力不要让这些情绪控制和影响你与孩子之间的互动。其次要关注孩子的长处，以及他所具备的能力。我们要接纳孩子本来的样子，并且学习如何创造一个适合他成长的环境。

提高孩子的自尊

下面的步骤将帮助你创建一个安全而充满关爱的环境，来培养孩子的自尊。在学习这些方法的时候，切记孩子独特的个性。

第一步：鼓励孩子的长处。

帮助孩子发现自己“擅长的领域”，是提高自尊的基石。支持他找到自己的强项（运动、电脑、音乐、戏剧等等），并鼓励他加入到这些活动中。如果孩子在大众比较重视的活动方面有困难（如学校或者集体运动），那他可能会产生极度的自我怀疑。孩子需要体验成功，才能自我感觉良好。这就需要你来帮助孩子发现他的长处，并不断地强化它。

有时候，当孩子的兴趣和父母完全不一样的时候，会让父母感到很为难。例如：我辅导过的一位孩子的父亲，名叫约翰，他是名专业的橄榄球运动员，而他的儿子托尼协调性很差，并且非常讨厌运动。约翰试着带儿子一起参加运动，但是托尼却拒绝了，托尼业余时间喜欢收藏，如邮票、人物模型、豆豆玩具等。托尼经常要求爸爸帮他收集，但是爸爸对收藏不感兴趣，对他的要求置之不理。他经常说："儿子，待会再说吧。"约翰对儿子不喜欢运动感到失望，他花了一段时间才调整过来自己的这种情绪，后来才意识到自己没有帮助托尼发展他的兴趣，对孩子是多大的伤害。后来，约翰开始帮助儿子收集，这不仅提高了托尼的自尊，也增进了父子之间的感情。

我经常被问到一个问题："如果我的儿子就想一直玩一样东西怎么办？我是不是应该继续鼓励他？"是的，应该鼓励，但是要有节制。例如：你的孩子花很多时间玩电脑，我见过有的孩子不停地玩电脑游戏，连续几个小时不间断。很显然，他们在这个领域找到了安全和自信。在这种情况下，我建议你限制玩电脑的时间，鼓励孩子用其他的方式来挑战自己。或许他可以用自己的这些天赋来帮助其他孩子，并成为电脑小老师。

第二步：促进身体健康。

无论孩子擅长哪个方面，体育活动都必须成为日常生活的一部分。如果孩子不喜欢团体运动，也没有关系，可以试试骑马、练武术、骑车。美国的孩子变得比从前更肥胖，其中一个主要原因就是静止的活动太多，例如玩电子游戏、电脑游戏、看电视。在这方面，不要给孩子任何选择。另外，他可以选择想要参加的活动，但是不是任何活动都一定要参加。

此外，要确保孩子的饮食要营养均衡。均衡的饮食和规律的运动，不仅带给孩子充沛的精力，而且也会改善他的外貌。所有这些都是为了提高他的自尊。

第三步：经常鼓励孩子。

要提高孩子的自尊，很显然需要父母的鼓励。但是，在我们忙碌的生活中，往往会只关注纪律，而忽视引导和鼓励。我们常常不太关注孩子好的行为，而花费很多精力在纠正他的行为。所以，不妨尝试一下“反过来做”。

1. 花时间关注正面行为，而不是负面行为。

训话的时候要简短而温和，不要苛责。而赞赏的时候，要多说。你甚至可以将训话变成赞赏。例如：纠正一个负面行为的时候，可以说：“别看电视了，该写作业了。”赞赏的语言：“我要求你写作业的时候，如果你能马上就去，我会很高兴，我愿意看到你对自己的学习负责。”

2. 日常生活中使用简单易行的方式来提高自尊。

每次看到孩子有好的行为，就告诉他。给孩子写一些关心他的小纸条，悄悄放到他的午餐盒或者枕头下面。每天花十五分钟的时间，和孩子一起渡过一段特别时光，由他来决定做的事情，顺着他的想法去做，并且享受这段时光！

3. 鼓励孩子的独立性。

当他倾诉自己苦恼的时候，认真倾听，不要急于回答问题。让孩子经过一些纠结之后，自己找到解决办法。给孩子选择："你想穿哪双鞋？""今天下午想和谁一起玩？""今天晚饭素菜想吃青豆还是菜花？"让孩子自己的事情自己做，设想他不需要你的帮助就可以完成任务。在多数情况下，他的表现会让你大吃一惊。或许你每天都帮四岁的孩子穿衣服，认为他不会自己穿，但是如果你让他自己穿，并且加以赞赏，那么他就会更有自信。（注意不要批评他挑选的衣服。）

第四步：赞赏和管教孩子的时候，要注意措辞。

你所说的话对孩子很重要。你赞赏和批评孩子的方式能帮助他提高自尊。尝试下面的方法：

注意你的措辞

这样说!
避免说!
请把鞋放进柜子里。
不要把鞋放在这里!
我喜欢你在我说第一次的时候，就能听从。
你从来就不听我的!
我知道你为朋友的事难过。
大男孩不能哭!
我喜欢你和姐姐友好相处。
你们俩别再打了!

赞 赏

1. 赞赏要具体。

2. 孩子有好的行为，要马上赞赏。

3. 赞赏要真诚。

孩子会知道你的赞赏是不是真诚的，他们也确实需要知道不是他做的每一件事情都很棒。有时候一句“你可以做得更好”会帮助他更努力去实现目标。

4. 赞赏他“朝正确的方向所付出的努力”，而不是“最后的结果”。

例如：赞赏孩子花很多时间做功课，或者他非常专心地学习，而不是作业全部完成之后再赞赏。

管 教

1. 用正面而非负面的方式。

批评要有建设性。避免使用“不要”这样的词语，而要关注你所希望看到的好行为上。例如：避免说“不要把鞋放在厨柜上”，而要说“我希望看到鞋放在鞋柜里，那才是放鞋的地方”，或者指一指鞋，再指一指鞋柜，说“鞋，柜子”。这些话会让孩子知道你对他的期望，而不会贬低他。这个方法看似简单，做起来却没有那么容易。“不要”比“要”更容易脱口而出。

2. 避免使用“总是”“从不”这样的标签。

孩子会被这样的标签所捆绑。要说“你昨天把外套从学校拿回来了。你记住该做的事情，我很高兴”，而不要说“你总是丢三落四的”。

3. 接纳孩子的感受。

没有父母愿意看到自己的孩子受到伤害，但是为了让孩子不再哭泣，或者不再生气，你可能会忽略他的感受，说出这样的话：“这没什么好哭的。”“你这样做就像个小孩。”或者“高兴点吧！”这些安慰的方式让孩子觉得自己的情绪不被理解，并且感到难堪。试着去认可他的感受。例如：如果孩子需要去看牙医，而不能和伙伴一起玩，他感到很难过的时候，可以这么说：“我知道你很失望，但是保护牙齿很重要。我们五分钟以后出发。”他仍然会去看牙医，只是他先得到了你的同理心。

4. 设立清晰的规定。

- 确保你在命令孩子做事情的时候，态度是认真的。
- 清晰而坚定地发出命令。
- 不要用询问的方式传达命令。例如：“把你的房间打扫一下，好吗？”（他会说“不！”）
- 避免说：“我们一起清理你的房间。”这暗示你会帮助他清理。
- 给孩子下命令之前，要确认他在注意听，关掉电视或者电脑。
- 看着他的眼睛。

- 下达命令。
- 安静等待听从。（至少三十秒。）
- 如果孩子没有听从命令，要让他立刻承担后果。例如："上楼，睡前刷牙。"如果他还是没有听从，你就说："你没有按照我说的去做。你延迟几分钟上楼，就必须提早几分钟上床。"
- 不要唠叨，设立明确的规定。唠叨不仅会让孩子觉得烦，而且也让你很生气。一阵唠叨之后，会很容易让你头晕脑胀。对孩子大吼大叫不利于他提高自尊。

看看下面这些增强自尊和降低自尊的话。你多长时间会说一次？

降低自尊　　　　增强自尊

这没什么好哭的！
你从来就不听我的！
不要这么使劲敲琴键！
别 叫！
安 静！
这让你很难过……
你听话的时候，我很开心。
再试一试，这次轻点按琴键。
你好好说话，我会听得比较清楚。
请小点声说话。

第五步：鼓励积极的“自我谈话”。

或许你听过孩子这么说：“我做得很糟糕！”“我不会做这个。”或者“我讨厌自己”。这些话语会放大他无助的感觉。如果孩子正在经历情绪的波动，那么他脑海里的想法要么会帮助他继续努力，要么对他产生伤害，让他退缩。孩子对自己说丧气话，不仅起不到安慰的作用，反而会让他更生气。教给孩子一种新的语言，在他遇到困难的时候能安慰自己。“我非常生气，但是我能度过这个难关。”“我可以控制自己。”你一定听说过“内心力量可以胜过外在困难”这种说法。重要的是让孩子保持专注和积极的态度，这样才能完成目标。倾听孩子负面的自我评价，然后以积极正面的方式来回应他。试试下面的句子，想想你还有哪些其他的说法。

- “没有人什么都会。”
- “如果我不断尝试，就会越来越好。”
- “我不累或者不生气的时候，会做到更好。”
- “也许我拼写不太好，但我有很多拼写的好方法。”
- “这个我能做。”
- “如果我用心去做，就能完成任何事情。”

我的作业都不会写！
我知道这让人很沮丧。
再花时间试一试。

我的篮球很差劲！
我知道篮球不是你最好的体育运动，但是我发现你带球能力提高了。

我讨厌你！
你讨厌！
我知道你很生气，我让你很扫兴。我们都冷静一会儿。

第六步：提供自我监督的机会。

提高自尊的一个基本要素就是自我觉察的能力，以及为了适应某些特殊场合而改变自己的行为。为了鼓励孩子提高这方面的能力，你可以提供一些机会，让他可以先觉察自己的行为，然后来决定下一步如何去做。

如果孩子事先就知道这些行为规范，他们会觉得自己也是规则的制定者。他们会预先知道别人对他的期望。这样就可以鼓励他对自己的行为承担责任，这是提高自尊的关键要素。

> 孩子在不理解规则，或者预先没有提示的情况下，才会违背规则。

例如：把这个方法运用在一个不遵守学校行为规范的孩子身上。给他一张纸，上面有两栏表格，分别是早上和下午。让他来监督自己一整天的行为。如果他表现好，就画个笑脸；如果表现不好，就画个哭脸。这个练习的目的就是让孩子的观察和老师的观察相符，老师也会在另外一张同样的表格上画出对他的观察。如果孩子和老师的观察结果相符合，那就奖励他。这种做法可以让孩子感受到他能控制自己的行为。即使老师和他画的都是哭脸，也要奖励他，因为他对自己有准确的评价。如果老师和孩子画的都是笑脸，那就要给他更大的奖励。如果老师和他的不符，就不给任何奖励。这个练习教导孩子正确观察自己的行为，并且在必要的时候做出相应的改变。

第七步：鼓励孩子的社会化发展。

随着孩子的成长，健康的同伴关系深刻地影响着他们如何看待自己。在小学阶段，只有父母的爱已经不够，朋友的尊重和接纳也同样的重要。为此，你必须尽早发展孩子的社交圈。在幼儿时期，就要开始安排孩子们在一起玩，并且在小学阶段不断地鼓励孩子与同伴建立关系。

1. 帮助孩子欣赏并接纳与自己不同的人。

你对别人包容和接纳的程度，孩子会直接从你身上学习到。留意自己在孩子面前所说的话，它会对孩子产生明显的影响。如果你对某个人或某群人有强烈的负面感受，那么孩子也一样会感受到，并且反应出这种感受来。

2. 观察别的孩子。

观察其他孩子的衣着和发型。孩子虽然不必完全模仿隔壁小孩，但是也没有必要让孩子受到嘲笑，这一点很重要。奇装异服和怪异的发型可能会让孩子成为嘲笑的对象。（在青春期，情况会发生变化，孩子可能会积极想办法变得与众不同。）

3. 制定清晰的个人卫生规则。

保证孩子定期洗澡，每天至少刷两次牙，穿干净的衣服。这些行为需要用正面的奖励方式来加以强化。

4. 留意兄弟姐妹之间的关系。

尽管兄弟姐妹之间相处是学习社交的最佳途径，但是也有可能会造成互相比较、彼此伤害。不要在兄弟姐妹之间进行比较，即使他们想这么做，也不允许。如果孩子们彼此争吵，尽量不要干涉，除非有身体上的冲突。倾听他们所说的话，接纳他们的感受，确保他们没有受到伤害，然后再决定如何处理。

5. 鼓励孩子和高自尊的孩子交往。

要让孩子参加课外活动，特别是在青春期的时候。鼓励他和志趣相投的孩子做朋友。我们经常会担心孩子进入青春期之后，会和坏孩子混在一起。我们害怕孩子迫于同伴的压力，而沾染上吸毒、嗜酒、过早的性关系等坏的行为。以我的经验来看，高自尊的孩子往往会建立健康的同伴关系，他们相信自己有能力对各种情况做出客观的评判。

第八步：帮助孩子从错误中学习。

低自尊的孩子非常害怕犯错，这种担心和害怕阻碍他们抓住机会，也让他们很难把活动坚持到底。由于担心表现不够完美，所以他们变得很容易放弃。你要帮助孩子克服对失败的恐惧，尽管做到这一点可能并不容易。可以试试下面的方法：

1. 留意你自己所犯的错误。

你要冷静对待自己所犯的错误，让孩子看到你是如何处理失误的。大声说出你所犯的错误，以及你如何从中得到教训。

2. 冷静对待孩子的失误。

不要说贬低孩子的话，例如：“我告诉过你这样做不行。”“你这么做不明智。”或者“你没有想明白”。而要大声地说：“我们一定能从中学习到东西。”或者“别担心，每个人都有失误的时候。”

3. 永远关注孩子做对的事情，而不是做不好的事情。

例如，如果孩子写字潦草，不要泛泛地指出他的问题，而是要赞赏他某一个字写得有多工整。

4. 谈论你童年所犯的错。

和孩子讨论你如何去经历这些事情，以及从中学习到了什么。

无论孩子的自尊有多高，上面的方法可以有效地增加孩子的自信心。改善你的沟通技巧所带来的好处之一，就是你们的亲子关系会改善，你和孩子有了这样的体验之后，都会从中得到力量。

哎呀！！！

我觉得爸爸在生我的气，因为我昨天没有完成作业。
我真是感到沮丧，我想把这些钉在一起，但是怎么也弄不好。

唉，不是因为我。我太了解爸爸的感受了。有时候我写作业的时候，也有同样的感觉。

提高孩子自尊的秘诀

- 设定一个小的目标，并试着实现这个目标。
- 和那些接纳你本来的样子、并且积极向上的人交往。
- 学习如何接受建设性的批评，并且很好地采纳这些建议。
- 接受赞美的时候要说“谢谢”，体会被赞美的美好感受。
- 赞美他人。
- 你希望别人怎样和你说话，你就怎样和别人说话。
- 当你感到受伤害的时候，用语言表达出来，不要动手。
- 学会自我解嘲。
- 走路的时候要自信，抬起头、保持好的目光交流和姿态。
- 关注你擅长的事情，不要担心你不会的事情。
- 定期洗澡刷牙，穿干净的衣服。好的外表会带来好的感受。

提高自尊的游戏和练习

1. 认真思考，感受良好！

设计这个练习是为了帮助孩子从一个全新的角度来看待负面的事情。让孩子找一个让他感觉非常糟糕的场景，通过和孩子交谈，来帮助他把消极负面的想法转变成为积极正面的想法。

积极的自我对话

我对这种情况有什么想法？

哪些是负面消极的想法？

哪些是正面积极的想法？

针对现状，我有哪些新的感受？

2. 家庭游戏

家人一起吃饭的时候，可以在餐桌中间放一个装棋子或者弹球的罐子，让每个家庭成员对自己做正面的评价，每说出一条正面评价就奖励一个棋子。最后，谁得到的棋子最多，谁就是赢家。

3. 填空游戏

让孩子写下这些问题的答案。

我自豪的事情：

我想改变自己的事情：

---

4. 寻宝游戏

举办寻宝游戏。家庭聚会或者朋友聚会的时候，发给每个人一个清单，每个参加的人必须在房间里活动，并写下具备这些优点的人名。

- 对朋友一直都很友好。
- 获得奖品。
- 运动队成员。
- 犯错并从中学习。
- 按时完成作业。
- 帮助弟弟或者妹妹。

- ☆ 独自面对恐惧。
- ☆ 尽管新的活动项目有点难，但是愿意去尝试。
- ☆ 照顾宠物。
- ☆ 告诉别人自己的感受。

5. 优点清单

先把孩子的优点列个清单，把它放在家里明显的地方，每当看到孩子有好的表现时，就加在清单上面。下面是你在清单上所列的项目：

□ 果断　□ 勇敢　□ 合作　□ 大胆　□ 顺服
□ 精力充沛　□ 有趣　□ 温和　□ 助人为乐
□ 独立　□ 快乐　□ 友好　□ 关爱　□ 风趣
□ 整洁　□ 有独创性　□ 平静　□ 有决心
□ 安静　□ 尊重别人　□ 强壮　□ 信任别人
□ 有音乐天份　□ 独特　□ 有魅力　□ 特别

6. 停止负面想法

和孩子一起想一个信号，帮助他停止负面想法。例如：孩子可能会选择“变变变”作为提示语。每当他对自己有负面评价的时候，就说“变变变”提醒他改变负面想法。

7. 我认为我能做到

做一些“我认为我能做到”的贴纸，贴在家里的每个角落，帮助整个家庭都维持正面积极的想法。下面是一些建议的短语：

我可以做到！　我要去做！　去做吧！　我很酷！
我认为我能做到！　继续尝试！　我知道我行！
我没事！　我值得！我在乎！　不放弃！　回答：是！

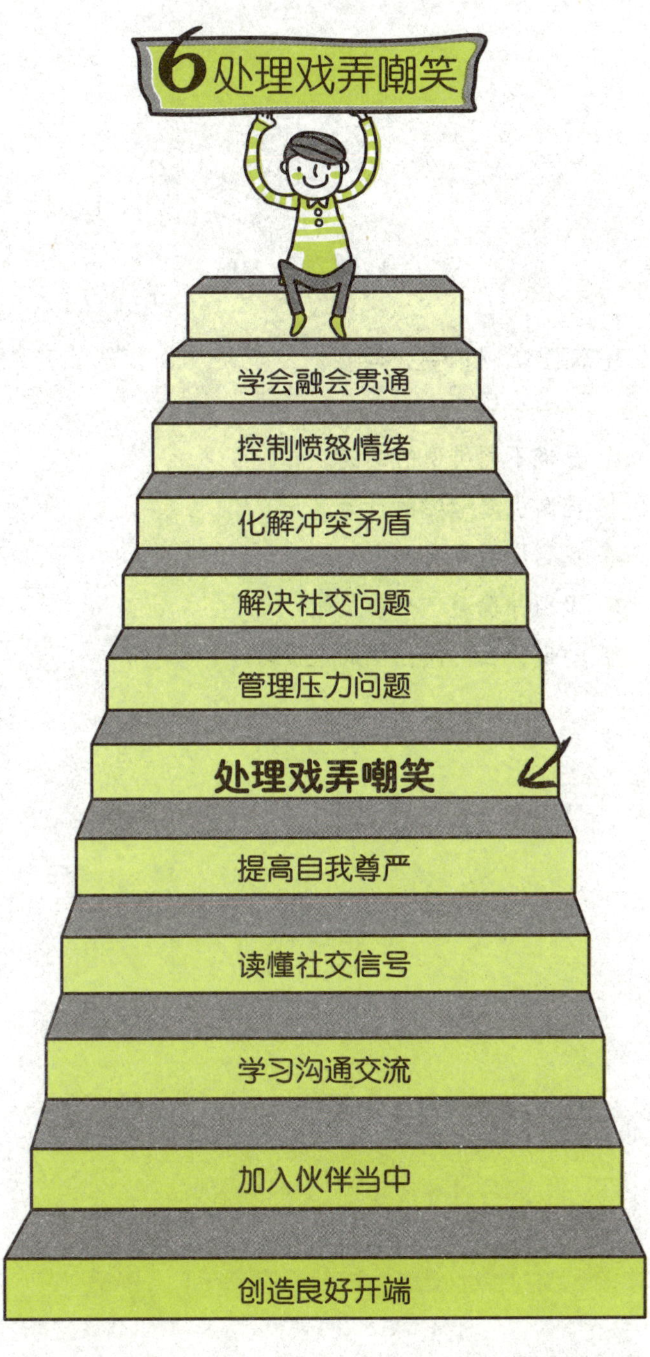
6 处理戏弄嘲笑
学会融会贯通
控制愤怒情绪
化解冲突矛盾
解决社交问题
管理压力问题
处理戏弄嘲笑
提高自我尊严
读懂社交信号
学习沟通交流
加入伙伴当中
创造良好开端

在本章中，你将会学到

- 分辨不同类型的嘲笑。
- 控制引起嘲笑的行为。
- 找到应对嘲笑的方法。
- 识别并躲避“小霸王”。
- 知道什么时候寻找成人帮助。

克里斯的故事

最近，克里斯越来越愿意待在家里，不愿意去学校。他在上二年级的时候，很喜欢上学，但是现在上三年级了，却不愿意上学了。他几乎每天都抱怨肚子疼。妈妈带他去看儿科，但是医生却查不出他有什么毛病。克里斯一向是个非常胆小害羞的孩子，通常每次只和一个小朋友玩，但是现在他连一个小朋友都不带回家了。妈妈很担心，询问他是不是学校里发生了什么让他烦心的事情。起初，他说学校里一切都很好。后来，有一天，妈妈再一次问他的时候，克里斯开始哭起来，说出了事情的原委。“同学找我麻烦。吉米是个小霸王，他趁老师不注意的时候，说我是个笨蛋，还把我的书从书桌上扔到地下。其他的同学都怕他，也不敢帮我。我告诉老师，老师说我是个大孩子了，可以自己来处理这个冲突。我不想回学校了，永远都不回去！”妈妈问他，吉米故意欺负他的时候，班里的其他孩子做了什么，他自己又是怎么做的。克里斯说：“我试着不理他，但是他继续欺负我！”妈妈把这个情况告诉了克里斯爸爸，爸爸想去找到吉米，然后帮克里斯教训他一顿，“没有人再敢找我儿子的麻烦！”但妈妈不想找吉米谈，她很生气，学校竟然能让这样的事情继续发生。她想给校长打电话，给克里斯换个班级。

凯萨琳的故事

凯萨琳今年九岁，她总是刺激身边的人。她在班里不停地说话，让别人无法做事情。她的课桌乱七八糟的，东西总是放到其他同学的课桌上。她在班上随便回答问题，让老师很生气。她在课间奚落男生，男生就追着她跑。凯萨琳不理解班里的其他女生为什么不愿意和她说话。她们一直在背后议论她，告诉其他女生不要和她玩。凯萨琳在体育课上从来没有机会选择她想要参加的团队，女生们都抱怨体育老师把她分配到自己所在的队里。她还经常在课桌上看到一些纸条，上面写着讨厌她的话。有的时候，她想不理她们，但是当她们故意欺负她的时候，她还是忍不住要哭。

嘲笑是童年最痛苦的一种经历。不管是被别人嘲笑，还是嘲笑别人，两者都严重影响孩子维护同伴关系的能力。

小测验

关于嘲笑

做下面的小测验，判断孩子是否嘲笑别人或者被别人嘲笑。

- 孩子在别人面前是否表现得害羞、焦虑，或者没有安全感?
- 孩子是否对别人有烦躁、幼稚、挑衅的表现?
- 当有别的孩子被欺负，孩子是否表现得幸灾乐祸?
- 孩子是否经常把善意的嘲笑理解为恶意的?
- 孩子是否先嘲笑别人，结果又被别人嘲笑?
- 孩子是否对别人的嘲笑反应过激，比如大哭、愤怒、动手反击?
- 孩子是否告诉你他经常被嘲笑?
- 孩子的老师是否说过孩子欺负别人?
- 孩子是否抱怨其他人嘲笑他的时候，不知道该怎么办?

如果你对上面所有问题的回答都是否定的，那么就可以跳过这一章。如果有些答案是肯定的，那么本章还是值得你继续读下去，并尝试做其中的练习。

男孩和女孩嘲笑的方式一样吗?

男孩和女孩都有可能被嘲笑，但是他们嘲笑的方式却大有不同，正如凯萨琳的例子，被嘲笑的女孩常常会被大家孤立。男孩会使用直接攻击的方式，而女孩会用间接的方式嘲笑别人。带头的女生会在背后议论你的女儿，而不是当面骂人或者打人，她会希望没有人邀请你的女儿参加聚会。你的女儿可能会在课桌里发现恶意中伤她的纸条，也会听到关于自己的流言蜚语。她会非常清楚地划分出“圈内人”和“圈外人”，因为女孩是在背后嘲笑别人，所以应对起来也比较复杂。

另一方面，男孩的嘲笑方式比较直接。他们使用更为直接的方式：骂人、模仿、肢体冲突。你的儿子可能会抱怨被人推搡、午饭排队的时候被绊倒、被撞到衣帽柜上，或者书被扔到地上。

男孩女孩嘲笑的方式一样吗?

不管被男生还是女生嘲笑，都会非常痛苦。通常在三年级到六年级的时候，女生嘲笑别人的情况比较严重。上了中学之后，男生开始嘲笑别人。而高中以后，男女生嘲笑别人的情况基本上就没有了。对于小时候没有成功建立友谊的孩子来说，高中阶段被孤立是个非常严重的问题。

因为嘲笑的行为通常发生在小学阶段，所以需要尽早发现。你一旦知道孩子被嘲笑，或者嘲笑别人，那就可以采用本章所提供的建议来改善这种情况。

我的孩子是“嘲笑者”还是“被嘲笑者”？

一个“被嘲笑者”被“嘲笑者”嘲笑。我见到过两种类型的“被嘲笑者”：一种是“忧虑型”，一种是“挑衅型”。

“忧虑型”

“忧虑型”的孩子显得焦虑、没有安全感，并且缺少自信。克里斯就是属于“忧虑型”。他试着不理别人的嘲笑，往往也都做到了。但是当超过他的忍耐极限时，就会崩溃大哭，或者大发脾气。他不理解幽默和玩笑，即使是出于好玩，他也从来没有想到嘲笑别人。“忧虑型”的孩子常常会成为嘲笑的对象，因为他看起来身体瘦弱、情感脆弱，这容易让嘲笑者在他身上施威。

“忧虑型”孩子的特点

- 看上去没有安全感。
- 把嘲笑看得太过严重。
- 爱哭。
- 身体虚弱。
- 抱怨身体不舒服，比如胃疼、头疼。

“挑衅型”

另一方面，有的孩子属于“挑衅型”。“挑衅型”受欺负，是因为他无意中招别人讨厌。他烦躁不安、脾气暴躁、读不懂社交信号。当别的孩子制止他的时候，他不会停下来。为了能加入到其他孩子当中，他会先嘲笑别人。凯萨琳就属于这种类型。“挑衅型”的孩子在被嘲笑的时候可能会反击，但是通常会输给对方。他区分不出友善的嘲笑和恶意的嘲笑之间的差别，容易对嘲笑反应过激，把事情弄得更糟糕。

“挑衅型”孩子的特点

- 行为烦躁不安。
- 经常错误解读社交信号。
- 先嘲笑别人。
- 可以嘲笑别人，但受不了别人的嘲笑。
- 别人制止他的行为时，他不会停下来。
- 大声说话，说话太多。
- 侵犯其他孩子的身体空间。

重要的是要留意观察孩子行为的变化。有的时候，孩子被别人找麻烦，他们会觉得很尴尬，不告诉大人。克里斯就属于这种情况。开始的时候，他不愿意告诉妈妈自己被嘲笑。下面列出了一些孩子出现的行为，帮助你发现孩子是否被嘲笑。

孩子可能被嘲笑的信号

- 学习成绩下降。
- 不愿意上学。
- 多次抱怨身体不舒服，例如头疼、胃疼。
- 弄丢午餐费和其他个人物品。
- 在家里情绪爆发的次数增加。
- 身体受伤，却解释不清楚怎么受的伤。
- 课后和周末的社交活动减少。

“嘲笑者”

“嘲笑者”往往是有控制欲的孩子，可能会有很多朋友追随他、听从他的命令。“嘲笑者”只要不出现肢体冲突，而单靠语言来控制别人，就可以在学校里得到一群追随者。爱打架的“小霸王”通常会在小学阶段失去朋友，因为孩子们害怕他们，也不喜欢他们的行为。但是，如果“嘲笑者”只是停留在口头上的攻击和威胁，那么他往往会有很多朋友。

“嘲笑者”的特点

- 在社交场合喜欢掌控局面。
- 对受嘲笑的孩子没有同情心。
- 表现得很得意、自负、傲慢。
- 非常善于和成人互动，说成人想听的话。
- 否认曾经被嘲笑。
- 嘲笑欺负兄弟姐妹。
- 很难控制自己的怒气。

嘲笑的类型

孩子们遇到的嘲笑大部分都属于善意的。特别是对于男孩，“嘲笑”只是口头上的争论，是竞争的一种形式而已。具备高社交商的孩子，能理解这一点，并且多数情况下不会把它看得太严重。他们可以一笑了之，并且，能很容易区分出善意和恶意的嘲笑。但是对于在社交方面有困难的孩子来说，嘲笑会带来很大的影响。对曾经被欺负过的孩子而言，即便是善意的嘲笑也会对他们造成威胁。如果孩子对善意的嘲笑反应过度，比如：哭闹、发牢骚、乱发脾气、大喊大叫，或者动手打人，那只会把事情弄得更糟。首先要帮助孩子理解：多数的嘲笑是善意没有伤害性的。如果孩子能轻松地看待嘲笑，那么“嘲笑者”就会转移目标，去嘲笑把事情看得更严重的孩子。

帮助孩子区分嘲笑的不同类型，会减轻嘲笑带来的影响。和孩子一起来复习下面所列的清单，并讨论不同类型的嘲笑应该用什么方式来应对。

- 骂人："胖子"、"四眼"、"怪物"。
- 贬低："你的数学真烂！"
- 取笑："你有的时候真是傻！"
- 抬高自己："你真慢。我走路比你快多了！"
- 模仿：用唱歌的方式重复说话。
- 窃窃私语：用手捂着嘴巴说话。
- 让你尴尬：你击掌的时候，不回应你。
- 恶作剧：在椅子上放钉子。
- 激怒：有人要求停止的时候，继续做出让人讨厌的行为。
- 让人难堪："你喜欢乔伊，你想亲她！"
- 成群结队：所有的孩子都对嘲笑的行为大笑。
- 恃强欺弱：身体上或者感情上威胁别人。
- 恶意中伤："我告诉所有的人她很臭，因为她从来不洗澡。"
- 冷嘲热讽：轻蔑的语气说"哇！真漂亮！"

防止嘲笑的行为

孩子的某些做法有可能会导致被嘲笑。其实，很多情况下，嘲笑是可以避免的。帮助孩子区分哪些行为他能避免，哪些不能。例如：如果孩子因为自己是红头发而招来嘲笑，那他是无法改变的。如果孩子因为卫生习惯不好而招来嘲笑，那么他是可以想办法改善的。复习下面关于嘲笑的“可以做”和“不能做”清单，强化孩子好的行为。

可以做	不要做
只有你和被嘲笑的孩子都知道这确实是开玩笑的时候，才嘲笑别人。	不要说别人的闲话。 不要多管闲事。
了解别人对嘲笑的反应。有时候，在口头制止你之前，他的身体语言就已经提前告诉你不要再继续了。	不要反应过激。 不要嘲笑别人。
知道适可而止。不是每个人都能处理好嘲笑的情况。	不要刺激别人（用愚蠢的腔调、嘲弄的举动、或者烦人的声音）。
被嘲笑的时候保持冷静，试着不要反应过激，或者当着别人的面哭。	不要假冒伪善（试图在班里操控别人）。
直视别人的眼睛，告诉他们你的感受。	不要讲太多的话。 不要打断别人。
尊重自己，别人才会尊重你。	不要吹嘘。
保持良好的仪表，通过姿态表现出自信，让别人看到你对自己的尊重。	不要做出恐惧的样子。 不要站没站相。

可以做	不要做
用稳重柔和的语气说话，别人也会跟着这样做。	不要用胆怯的语气说话。
做个好的倾听者，好朋友知道什么时候该停下来听对方说。	不要有不好的卫生习惯。
要顺应形势。	不要做不雅的动作。（比如挖鼻孔、咬指甲。）
“管好自己。”如果有人行为不端，请成人来出面帮助处理。	
学会自嘲。	
尽可能和喜欢你的小孩一起玩。	

如何避免被嘲笑？

我们回顾一下克里斯和凯萨琳的故事，就会发现在“可以做”和“不要做”所列的事项里面，有一些嘲笑是可以避免的。凯萨琳要控制自己那些招人讨厌的行为，她必须知道自己的行为会影响到别人，在别人要求她停止的时候，就不要再继续做了，要学会和班里的女生和睦相处，不要激怒同学。另外，对于克里斯来说，必须让自己更有权威，改进一下自己的姿态，用坚定的语气说话，控制自己的情绪。教导孩子主动改变，而不是被动受气，尽量避免继续受嘲笑。

避免嘲笑的提示

提醒孩子：正面的想法产生正面的行为。“避免嘲笑的提示”为深受嘲笑困扰的孩子，提供了在面对嘲笑时的积极建议。让孩子选择一些句子，或者让他自我感觉良好的表达方式，然后让他在被嘲笑的时候，练习对自己说出这些话。定期和他一起检查一下是不是常用这些提示，以及这些提示是否给自己增添了力量。

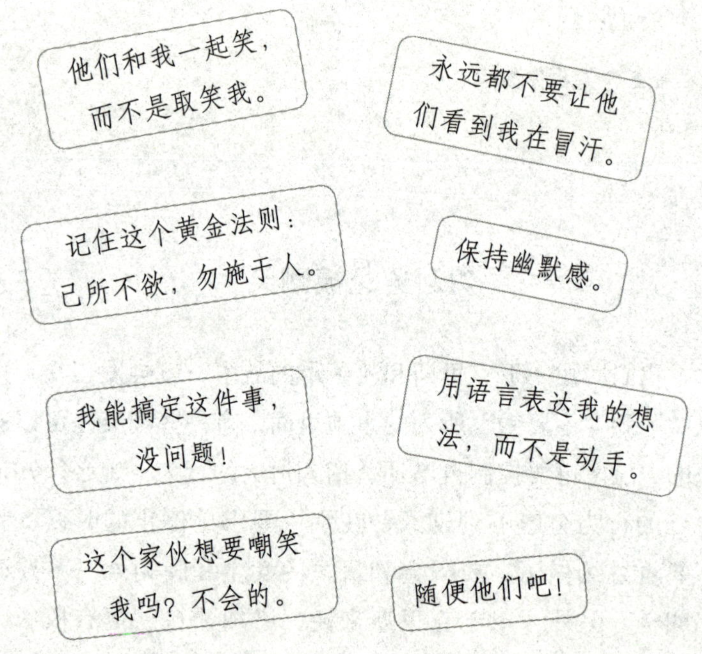

孩子可能会想出其他的提醒方式，鼓励孩子什么方式对他有效就用什么。

和孩子一起讨论关于“嘲笑”的话题

孩子经常会不敢和父母谈论嘲笑的话题。这是一个很难讨论的话题，孩子可能担心你会批评他，或者只是简单地告诉他不要在意别人的嘲笑。谈论这个话题要格外小心。

第一步：寻找安静而没有太多干扰的时间来谈。

你可以在长途旅行的时候，或者晚饭期间兄弟姐妹不在场的时候，或者睡觉前。

第二步：用平和、轻松、同情的语气交谈。

第三步：留心观察，耐心等待回应。

例如：“看起来你今天在学校过得不太好。有什么事情让你不开心吗？”

第四步：如果孩子没有立刻回应你，或者否认在学校遇到不开心的事，告诉他等他想说的时候，你随时听他说。

“如果你什么时候想说，就告诉我。”

第五步：回应他所说的话，表示你在专心倾听。

复习第三章关于“学习沟通交流”部分。

第六步：保持中立。

不要批评，或者表现出难过。听他叙述完，然后询问孩子父母应该怎么做，才能最大限度地帮助到他。重要的是聆听孩子，了解整个事情的发展经过，而不要急于给出解决办法。

第七步：如果担心不了解整个过程，或者只听到孩子的片面之词，就需要联系老师。

老师通常对班里同学之间发生的情况很了解，其他能提供帮助的人有：体育老师、负责午餐的老师，以及负责课间的老师。这些成年人可能比班级老师更了解情况，因为他们在白天上课之外的时间能看到孩子。如果学校的工作人员没有发现什么情况，你可以让他们关注你的孩子，如果有什么新情况，就告诉你。

3

4

有效处理嘲笑

孩子被嘲笑时，你很想替他打抱不平。看到孩子被别人嘲笑后这么痛苦，你自然想竭尽全力去制止。但是你的介入不仅没解决任何问题，同时，也没有教给孩子以后如何应对别人的嘲笑。毕竟，被嘲笑的情况是在所难免的。其实，很多应对嘲笑的方法可以在家里学习和练习。你们可以进行“角色扮演”：一个扮演“嘲笑者”，一个扮演“被嘲笑者”。练习下面的方法，要记住：让孩子练习不同的方法，因为如果一种方法使用得太频繁，就不起作用了。你需要根据情况灵活运用。

1. 一笑了之。

教给孩子看到嘲笑当中幽默的一面，反过来让嘲笑他的孩子感到嘲笑别人的行为很愚蠢。这并不是说让孩子反过来嘲笑对方，去激怒他，而是把嘲笑别人看做是愚蠢的行为，削弱“嘲笑者”的力量，让“嘲笑者”看到嘲笑并不能使人难过。他可以这样来回应：

- 这招太过时了。
- 你以为我以前不知道这个吗？
- 你能做的就这些吗？
- 哇！你吓死我了（用讽刺的口吻）！
- 你想干什么呢？
- 说点我不知道的吧。

2. 走开。

在回应完嘲笑之后，孩子们经常会忘记应该立刻走开。他们往往还在等待对方的回应，但是这样做会让嘲笑继续进行下去，而不能让对方立刻停止嘲笑。提醒孩子：在反击之后必须走开，这样他就能掌控沟通的主动权。

3. 学习“有步骤地忽略对方”。

这种回应方式与简单地不去理睬对方不太一样。“有步骤地忽略对方”需要做另外一件事情，例如：如果孩子在教室受到嘲笑，不能走开，那他可以找来笔和纸，写些东西。一边写一边想一想避免嘲笑的小提醒：“保持我的幽默感。”

4. 问一个不相干的问题。

这个方法不能经常使用，但是你一旦使用，效果会很显著。十一岁的萨拉在遇到男生故意问她穿胸罩的事情时，就用了这个方法。她转向这群男生，若无其事地问道“你们知道现在几点了？”然后走开。这群男生对她的问题感到很惊讶，没有反应过来，自然停止了对她的嘲笑，她也就趁机走开了。

5. 结交合得来的朋友。

你一定听说过“人多势众”这个词。如果你和一个朋友在一起，嘲笑者一般不太会想要嘲笑你；如果你和一群朋友在一起，他们就更不可能嘲笑你了。鼓励孩子结交朋友，特别是当周围有爱嘲笑人的孩子时。

6. 避开嘲笑你的人。

你应该避开嘲笑你的人，但是有的孩子会试图直接嘲笑或者刺激对方，结果招来更多的嘲笑。教导孩子避开那些嘲笑他的人。鼓励他结交正直的、有“好朋友”特质的孩子。

7. 承认错误，继续生活。

当孩子在学校的运动会上或者课堂回答问题犯错的时候，这个方法特别有用。提醒孩子：每个人都可能犯错，错误可以帮助我们学习。孩子可以用这样的话来回应错误：“你说得对，我搞砸了。我下次会做好的。”

8. 说出事实。

如果有人挑衅你的孩子，告诉孩子不要批评，只要指出对方做了什么干扰他的事情，不要说："住手！你让我很烦！"而要说："你在踢我的椅子。"不带批评地说出事实，就给了对方一个面子，让他停止再踢椅子。

9. 给他"难看的脸色"。

你需要坐在镜子前，和孩子一起练习怎么做"难看的脸色"。有的孩子有天使一般的面孔，很难想象他们能摆出一副"难看的脸色"！但是对于不善言辞或者不喜欢用言语反击的孩子，冷笑或者"难看的脸色"能和语言一样产生威力。关键都在于用什么姿态来表达。和孩子一起想出一种能体现他自信的姿态，多鼓励他所付出的努力。

10. 直接面对别人的窃窃私语。

背后议论之所以能中伤别人，是因为它是偷偷摸摸拐弯抹角进行的。可以通过：“你有什么想和我说的吗？”来直接挑战这种行为。不允许对方没有澄清事实，在背后议论。喜欢背后议论人的孩子之所以这么做，部分原因是他们认为没有人会挑明他们在做什么。直接面对他们的行为，不要带任何情绪，通常能有效制止这种行为的继续发生。

11. 学习一些反击对方的话语。

对于小一点的孩子，你需要教给他如何反击“嘲笑者”，而大一点的孩子，通常能马上想出反击的话语。记住：有的孩子本身就不是“会反击”的孩子，如果这类型的孩子与“嘲笑者”对抗的话，他们注定会失败。所以，对于这种孩子，重要的是要学会“反击之后，马上走开”。其他比较胆小的孩子可以使用给他“难看的脸色”或者“和朋友在一起”的方法。如果孩子对反击对方感到不自在的话，那就不要让他反击。要研究孩子的个性，找到最适合他的方法。

复习下面“反击的话语”，并且让孩子自己找出一些其他的话语。相对下面所列的反击话语，他可能更容易掌握和记住自己想出来的。

反击的话语

“就因为我不高兴，你就幸灾乐祸吗？”

“哦，我还有什么好说的，该说的你都说了。”

“是这样啊。”

“随便你。”

“说得好。”

“是，对啊。”

“真的吗？”

“那又怎么样？”

“你在开玩笑，是吧？”

“有好玩的事情时，再告诉我。”

有好玩的事情时，再告诉我。
随便你。
是，对啊！
哪一种说法你觉得最容易说出口？
我喜欢“是，对啊”。
好的，这次就说“是，对啊”。记住，说完就走开。
是，对啊。
天哪，我觉得你已经学会了！

12. 寻找有成人的地方。

被嘲笑的时候，滥告状通常是不可取的办法。我不会鼓励孩子去告状，除非孩子身心都受到伤害和威胁。告状的孩子通常会成为嘲笑的目标，但是，有个合理的方式就是让孩子去寻找有成人的地方。例如：在操场上玩的时候，通常会有一个成人在看管，可以让孩子在看管老师附近玩耍。如果有成人在场，“嘲笑者”很少会嘲笑其他孩子，并且他们也不会把你的孩子看成是告状的人。

什么时候需要家长介入

孩子一旦理解了嘲笑的种类、什么行为容易引起别人的嘲笑，以及应对嘲笑的方法，被嘲笑的情况通常会逐步消失。但是，有的孩子受欺负的情况比被嘲笑要严重。下面所列的是欺负的行为：

- 身体暴力
- 被孤立
- 情感和言语的暴力
- 恐吓

孩子被欺负时，会受到很大的伤害。“小霸王”不会在孩子让他们住手的时候及时停止自己的行为，欺负行为往往具有惯性和虐待性。“小霸王”是通过支配和控制的方式来和其他孩子互动。被“小霸王”欺负的孩子，很容易出现自尊心低落、焦虑、不敢上学、学习成绩差的情况。如果你怀疑孩子被“小霸王”欺负，就需要介入处理，这一点非常重要。留心关注孩子是否出现被欺负的情况。

特别注意

◎ 孩子每天被一个孩子或者一群孩子骚扰，很难继续去上学。

◎ 孩子经常被打、被推，或者被踢。

◎ 孩子在学校被当众羞辱。

◎ 一个或者一群孩子勒索或者偷孩子的东西。

◎ 孩子或者整个家庭受到身体上的威胁。

◎ 孩子受到种族侮辱。

◎ 孩子面对恶意的谣言攻击。

可以采取的步骤

第一步：找孩子的老师谈话。

不要责怪攻击老师，而是要了解老师是否注意到一些情况。如果没有，那就让老师帮你关注一下。如果老师不愿意介入，那就去求助学校心理老师、辅导员，或者社会工作者。如果还是得不到任何帮助，就去找校长，讨论学校关于学生欺负同学的相关处理规定。

第二步：确认孩子和朋友在一起。

如果孩子和其他朋友在一起，“小霸王”一般不敢欺负他。找出孩子常被欺负的时间，让朋友在那个时间段和孩子在一起。

第三步：提高孩子的自尊。

赞赏孩子在面对欺负时的勇敢表现，表达你对他的理解：在受到欺负的时候还能坚持上学，是件多么难的事情。

第四步：教育孩子。

给孩子解释为什么有的孩子会欺负别人。帮助他理解“小霸王”才是有问题的人，“小霸王”不快乐，感到无能，所以他才欺负别人。

第五步：告诉孩子要拒绝“小霸王”的要求。

“小霸王”喜欢找听话或者胆小的孩子。和孩子一起进行“角色扮演”，练习如何拒绝“小霸王”的要求。如果孩子是在校外受欺负，那就需要鼓励孩子跑开，去找成人，甚至可以跑到陌生人家的门口寻求帮助。这样做也许会让孩子感到他输了，但是其实并不是这样，保证孩子的安全是至关重要的。纠正他的观念，要主动出击而不是被动挨打。

第六步：参加家长会。

如果受欺负的事态进一步扩大，你可以在家长会上把这个问题提出来。家长之间可以提供很多支持，也可以通过和孩子交谈，来打破学校的帮派关系。

第七步：寻求社区帮助。

你可以建议学校开展社交技能的项目，这样可以帮助孩子们学习化解冲突和解决问题的方法。

如果孩子是“小霸王”怎么办？

很多时候，家长不认为他们的孩子是“小霸王”。如果你从别的家长和老师那里听到自己的孩子欺负其他人，那你就需要接受这个现实。承认自己的孩子故意欺负别人并不容易。你会认为那是学校的问题，或者相信孩子只是在保护自己。如果在一段时间内，不止一个人说你的孩子在欺负别人，那就需要引起注意，并且采取行动了。

可以采取的步骤：

第一步：重视问题的严重性。

第二步：给孩子设立界限，看到问题的后果，帮助他理解自己对别人带来的影响。

第三步：避免长篇大论来说他为什么要欺负别人。

只关注行为本身，设法把欺负的行为变成恰当的行为。

第四步：用心监督孩子。

第五步：教给孩子解决问题的好办法。

参考本书第八章。

第六步：看到孩子好的行为举止，及时给予奖励和赞赏。

第七步：给孩子提供帮助别人的机会。

第八步：寻找强化孩子不良行为的因素。

孩子是不是也被别人欺负？在孩子的生活当中有哪些方面让他感到无助和不安？他或许是想通过让别的孩子感到无能为力，而显示自己有力量。

第九步：仔细审视自己的家庭关系。

家庭成员之间是否有很好的沟通渠道？不要用“男孩就是这样”这种说法来解释，甚至怂恿孩子的粗暴行为，而是要鼓励孩子用恰当的方式表达自己的感受，并且培养孩子良好的倾听技巧。

第十步：让孩子有其他途径来释放他的攻击性。

例如：有身体接触的运动形式或者跆拳道。

第十一步：求助于专家，帮助孩子与其他孩子建立健康的互动关系。

1

2

3

4

你可以带一个孩子来家里玩，但是必须我们在家的时候才可以。知道了吗？

我知道了。

5

应对嘲笑的游戏和练习

1. 完成一组漫画

和孩子一起做一组能表现“嘲笑者”和“被嘲笑者”的漫画，在最后一部分留出空白。让孩子想一想可以使用什么恰当的回应方式，来完成这组漫画。

2. 角色扮演

和孩子一起进行“角色扮演”，让孩子通过扮演“嘲笑者”和“被嘲笑者”，来尝试各种应对嘲笑的方法，并找到最适合他的方法。

3. 照镜子游戏

帮助孩子练习如何恰当地使用面部表情、肢体语言，以及姿态来应对嘲笑。

4. 录像

把孩子回应嘲笑的镜头录下来，回放给他看，这样他可以选择对他最有用的回应方式。

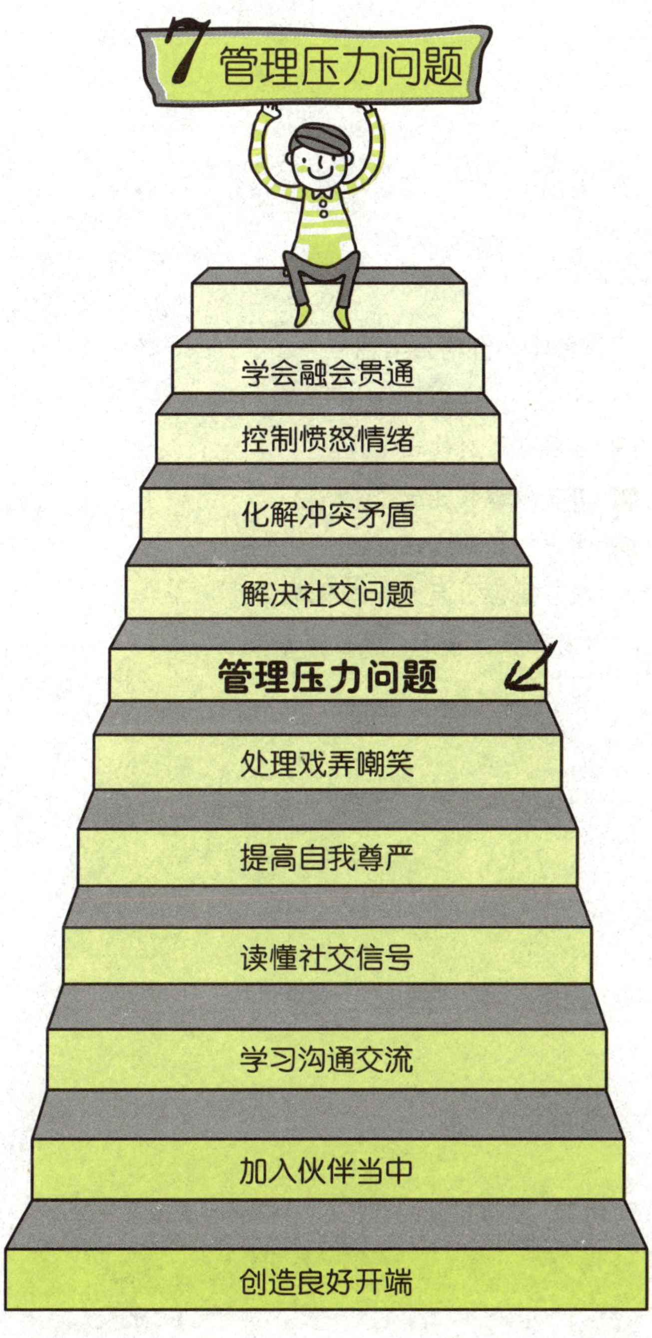
7 管理压力问题
学会融会贯通
控制愤怒情绪
化解冲突矛盾
解决社交问题
管理压力问题
处理戏弄嘲笑
提高自我尊严
读懂社交信号
学习沟通交流
加入伙伴当中
创造良好开端

在本章中，你将会学到

- √ 理解他面对的压力。
- √ 更有效地管理压力。
- √ 学习放松的方法。
- √ 减轻压力引起的身体不适。（发脾气、胃疼、做噩梦等等。）

杰森的故事

杰森是个活泼、阳光、招人喜欢的十岁男孩，有很多兴趣爱好。他喜欢上学，成绩也很好。他还参加很多运动，包括足球、篮球，还参加童子军。杰森的父母在当地的教会也很活跃，杰森不仅每周日和家人一起参加教会的活动，而且还参加教会的青年小组。到了学期中间，杰森的行为发生了变化。他开始变得行为古怪，并且和父母顶嘴。他想放弃打篮球，还抱怨太累。他的成绩下降，老师对他这种变化也很担心。父母带他去看儿科医生，但是没有发现任何问题。后来，又带他去看心理医生，医生告诉他们，杰森参加的活动太多，压力太大。因此，父母决定减少杰森的一些活动。

萨曼莎的故事

萨曼莎今年八岁，在一所较小的教会学校读三年级。她是个聪明伶俐、爱玩的女孩，有很多朋友，外表开朗。不幸的是，萨曼莎在班里遇到了麻烦。她不理解老师对她的指示，同时，上课的时候也好像不能集中精力，这让老师和同学都对她产生了反感。萨曼莎的父母私下带她去接受诊断，发现她患有“注意力缺乏症”（ADD）以及“听力学习障碍”，在学校上课对她来说是一个挑战。老师通知她的父母，说她没有发挥自己的潜质，在班里干扰上课，对同学态度很不好。老师不愿意因为萨曼莎有学习障碍，而给她特殊的照顾，因为她相信萨曼莎能做好，只是她不愿意做。父母想让女儿换到另外一个班，那个班的老师比较能体谅萨曼莎的难处。虽然萨曼莎认为现在的老师讨厌她，觉得她很笨，但是她还是愿意留在现在的班里，和她的朋友在一起。

在孩子的世界里，遇到的压力和成年人一样普遍。并且，正像成人世界那样，压力可能来自不同的地方。杰森是典型的活动安排太满的孩子，他的压力来自于缺乏休息时间。随着我们生活节奏的加快，孩子也变得越来越忙乱。另一方面，萨曼莎所体验到的压力，是因为她存在学习障碍，有特殊困难。因此，老师所能提供的帮助远远不能满足她学习环境的需求。

小测验

压力管理

做下面的小测验，判断孩子是否需要压力管理方面的帮助。

- 孩子是否经常出现身体上的疾病。例如：心跳加剧，或者心跳加速、头疼、胃部不适、食欲不好等等？
- 孩子是否做噩梦？
- 孩子是否失眠或者无法熟睡？
- 孩子是否烦躁？
- 孩子是否表现出强迫症行为：咬指甲、频繁洗手、舔嘴唇、面部抽搐？
- 孩子是否经常哭？
- 孩子是否看上去一直都很疲倦？
- 孩子是否出现注意力不集中的现象？
- 孩子是否发生过意外？

如果上面所有问题的回答都是否定的，那说明你的孩子压力管理得很好，现在可以跳过这一章。在孩子出现压力的时候，再回过头来阅读本章。

童年的压力

回顾童年，我们常常会认为那是一段无忧无虑的时光，所以难免会认为孩子生活非常容易。其实，我们错了。孩子们普遍都会感受到压力。孩子对压力的感觉是这样定义：“在难过的情绪中不能自拔。”“总想哭。”“感到我的内脏都要爆炸了。”对有些孩子而言，学校充满了压力，他们每天早上都不想去上学。

所有的孩子在面对生活当中的变化和不确定性的时候，都会产生压力。对学龄前儿童，与父母分离会让他们很痛苦。例如：一个学龄前的孩子，当全职妈妈几年之后重返工作岗位时，就会感受到压力。对幼儿园的孩子，去看医生或者留在朋友家玩，都可能让他们产生压力。对小学生来说，既要学习好，还要人缘好，也会对他们产生压力。在萨曼莎的例子中，我们可以看出，学校的压力对她影响很大。她被诊断出有“注意力缺乏症（ADD）”，她知道自己和别的孩子不一样，对此的反应是攻击和激怒周围的人。

除了正常情况下产生的压力外，孩子们还面临一些临时性的压力，许多孩子经历过父母争吵、分居、离婚，以及监护权的争夺。今天的孩子流动性很大，面临转学，或者搬家等状况。他们经常需要调整自己，以适应新的邻居和同学。通常来说，孩子无法掌握他们的命运，多数的决定是父母为他们做的，孩子们会感觉没有控制权。越来越多的孩子在父母都外出工作时，留给专职人员看管。父母压力重重，筋疲力尽，无意中也创造出一种浮躁的家庭环境，他们也很难判断出孩子的压力来自哪里。更有甚者，有的孩子还要面对家人重病或者亲人离世的痛苦。家庭成员没有精力来处理这些严重的问题，因为他们的精力已经消耗在应对日常生活中的琐事上了。

压力来源

日程安排太满，没有足够的休息时间。

作业太难或者太多。

感到父母的期望不切实际。

被父母或者老师大吼大叫。

在学校被冷落。

应对同伴的压力。

追求完美。

父母工作太忙。

孩子的压力

帮助孩子的第一步就是要确定他是否感受到压力。及时发现孩子的特殊行为，并记住他独特的经历和个性。重要的是留意他行为的变化，而不只是行为本身。问自己下面的问题：

1. 这些症状持续多长时间了？

例如：如果你的孩子睡眠一直不好，那么他的睡眠问题就不太可能是因为压力而引起的。另一方面，如果你的孩子突然在半夜醒来，哭泣、做噩梦，那么你就需要考虑是因为压力而引起的这些症状。另外，如果某种症状持续了好几天，那也可能不是压力引起的，但是如果持续了几周，你就需要引起注意了。

2. 这些症状有多严重？

如果孩子上学前说肚子疼，但只要他去了学校，并且回家以后没有再抱怨，那就没有太大关系。如果孩子因为肚子疼不肯起床，不能去学校，那你就要带他去看医生。如果孩子上学前说肚子疼，然后一旦答应他留在家里，他就显得很健康，也不再抱怨了，那就有可能是有压力的表现。允许他留在家里不去上学，减轻了他的压力。针对这种情况，就要找出在学校是什么事情让他产生压力。

3. 他的同龄孩子是否有同样的症状？

两岁的孩子在餐厅的椅子上坐不住很正常，但是八岁的孩子出现同样的情况，那就有问题了。同样，三岁的孩子没办法离开你，能让人接受，但是十岁的孩子也出现同样的情况，就不能让人接受了。如果你不能确定孩子的表现是否属于正常情况，那就咨询儿科医生。

4. 出现了多少种症状?

压力通常会同时引起多种症状。我们回顾杰森的情况，可以看到他抱怨疲倦、变得烦躁、以前很喜欢的活动现在不愿意参加了。父母把这些行为综合起来看，就会发现他遇到了压力。

孩子承受压力时的症状

◎ 身体不适：心跳不规律、呼吸变浅、磨牙、咬牙、尿频、头疼、胃疼、坐立不安、皮肤长痘或者疹子、食欲不好或者改变饮食习惯。

◎ 做噩梦

◎ 失眠

◎ 烦躁

◎ 强迫行为（咬指甲、频繁洗手、舔嘴唇）

◎ 吹嘘

◎ 害羞

◎ 注意力不集中

◎ 神经质地笑

◎ 一般性的焦虑

◎ 疲倦

◎ 经常哭

帮助孩子减轻压力

你可以教给孩子一些管理压力的方法，来帮助他处理自己的压力。下面的方法对任何年龄段的孩子都有帮助，有些是需要在你的指导下，和孩子一起完成的练习或者活动。不是所有的方法都适合你的孩子，你可以尝试让自己感到舒适自在的方法。

压力与作业

第一步：慢慢来。

帮助孩子把需要完成的任务分割成一个个小的，容易实现的步骤。例如："做数学作业的时候，可以先做前五道题，做完之后，我来检查，然后再做下一组习题。"

第二步：安排休息时间。

在写作业的休息时间，可以奖励孩子喝点饮料，并给他一个拥抱。

第三步：对孩子的期望要切合实际。

要了解孩子的能力和局限性。你的希望是让孩子能接受挑战，而不是让他负荷太重。

第四步：确认电视或者电脑让孩子减轻压力，而不是增加压力。

孩子想看电视或者玩电脑，并不表示孩子就需要这些。很多电视节目和电脑软件充满暴力和竞争，这些都给他带来压力，而没有释放压力。让孩子远离这些节目和游戏，特别是有暴力性的。帮助孩子以学习为目的，正确使用电视和电脑。

压力与家庭

第一步：设定一个每天和孩子独处的时间。

一开始先约定十五分钟左右，听从孩子的想法。如果他不喜欢说话，喜欢玩牌，那就按照他的想法去做。他可能会在你意想不到的时候，和你谈话聊天。

第二步：想想孩子引以为豪的事情，强化这些事情。

这样做可以让孩子避免完美主义和低自尊的倾向。了解孩子的强项，并且让他知道你了解这些。

第三步：每周召开家庭会议。

周日的晚上很适合家人一起共进晚餐，没有外界的干扰，可以分享彼此积极正面的感受。同时，这也是解决家庭问题的好时机。

在家庭会议之前，我想让每个人说一说彼此的优点。

我先说！我特别高兴鲍勃这周帮助我做功课，还有妈妈，带我练习足球。

还有爸爸，我这学期数学没有考好，他没有对我生气。
我来接着说。爸爸，谢谢你……

第四步：成功地管理自己的压力。

尽可能减少自己的工作量，多陪陪孩子。尽量把工作留在办公室里，不要回到家时筋疲力尽。如果条件允许，一天工作之后去健身房做运动，释放自己的压力，然后再回家。

第五步：不要把孩子当做你的医生。

自己的问题自己处理。和你的爱人或者朋友谈论你的个人问题，而不要和孩子谈论。孩子承受不了做父母知己的角色，他们会因为不能帮助你而感受到压力。

压力与孩子的社交活动

第一步：确认孩子是否活动安排得太多。

童年就应该无忧无虑的玩耍。我们需要让孩子随意地去玩，这样孩子才能放松。确认孩子在家里能做“他自己的事情”。杰森的父母了解到他已经筋疲力尽，需要停下来休息，所以减少了他的课外活动。把孩子的活动排出优先次序，然后放弃不重要的活动。

第二步：提前预防社交压力。

制定计划来提前应对潜在的压力。在一项有可能带来压力的活动开始之前，和孩子坐下来一起想出一个计划，并且做演练。以萨曼莎的父母为例，他们可以对她说：“你今天要去新的班上课。如果你没有明白老师所说的，该怎么

办？”“我可以记下我的问题，下课以后问老师。”“好主意！我们今天就来试试。你今天放学回家，我会问你上课的情况。”

第三步：寻找精神上的支持。

如果你想在团队中得到精神上的力量和支持，那么就需要建立并巩固与这个团体的关系。参加青年小组，是帮助孩子与人互动并获得支持的好方法。

压力与孩子的身体

第一步：确认孩子吃得好，睡得香。

给孩子提供健康有营养的饭食和零食。压力会消耗掉孩子身体重要的营养。让孩子的睡眠要有规律，这样才能确保他得到这个年龄段该有的睡眠时间。孩子的睡眠时间可以向儿科医生咨询。

第二步：活动身体。

任何有组织的或者单独的活动，如跑步、走路、骑车，或者跆拳道，都有助于减轻压力所带来的身体紧张。伸展所有主要的肌肉群，不要只是坐下看电视。看电视的时候，可以伸展一下身体。

压力与孩子的情绪

第一步：教导孩子“积极的自我谈话”。

如果孩子对某件事情有消极的想法时，鼓励他用积极的想法代替消极的思考。例如，如果孩子认为：“我做不到，我害怕。”鼓励他这样想：“我很好，事情会顺利的。”

第二步：把幽默带进孩子的生活。

和孩子一起看喜剧表演，租一盘搞笑的录像带一起看。别忘了要学会自嘲。

第三步：鼓励孩子用语言而不是用动作来表达愤怒。

如果愤怒没有得到解决，它就有可能成为压力的重要来源。关键不在于你是否感到愤怒，而是你如何表达愤怒。和孩子练习如何用语言表达愤怒：“当你……的时候，我感到生气。”“这件事把我气疯了。”如果孩子觉得需要身体的发泄，就让他打沙包或者枕头。

第四步：列出“担忧事项”。

如果孩子一天里有太多的事情要做，就需要帮助孩子按照优先顺序列出一个任务清单。每做完一件事情，就在清单上划掉。

“担忧事项”范例：

- 写作业
- 清理房间
- 喂狗
- 练钢琴

减轻压力的游戏和练习

1. 深呼吸

教孩子做缓慢而有节奏的呼吸，用鼻子吸气，嘴巴呼气。这样可以减缓心跳的速度，得到完全的放松。做这个练习最好的时间是在孩子晚上入睡前。

2. 视觉想象

设想这是在做“放松的白日梦”。让孩子闭上眼睛，想象一次愉快的旅行、取得了一项重大的成就，或者回忆一段美好的过去。

3. 按摩肌肉

晚上给孩子做按摩，这样可以有助于他放松和入睡。

4. 轻敲后背

轻轻地敲打孩子的后背，这个方法适用于不喜欢做整个后背按摩的孩子。

5. 抖动身体

让孩子上下跳动，扭动四肢，消除身体的紧张。

6. 渐进式地放松

让孩子逐步绷紧和放松所有主要肌肉群。因为压力会引起肌肉紧张，这个练习有助于减轻孩子的压力。

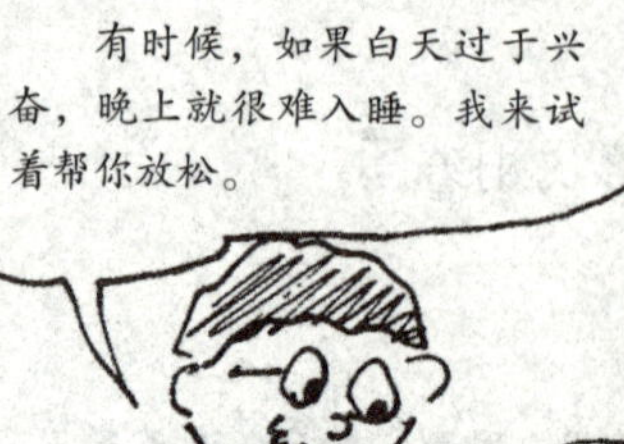
有时候，如果白天过于兴奋，晚上就很难入睡。我来试着帮你放松。
1

首先，你要闭上眼睛，轻轻地用鼻子吸气，嘴巴呼气。
2

现在，让你的脚趾紧张起来。对，就这样。
3

然后，放松你的脚趾，感觉像是陷到了床里。
4

让你的腿部紧张起来，保持几秒钟。
5

很好，放松，感到你的腿陷到了床里面。我们接着做腹部。
6

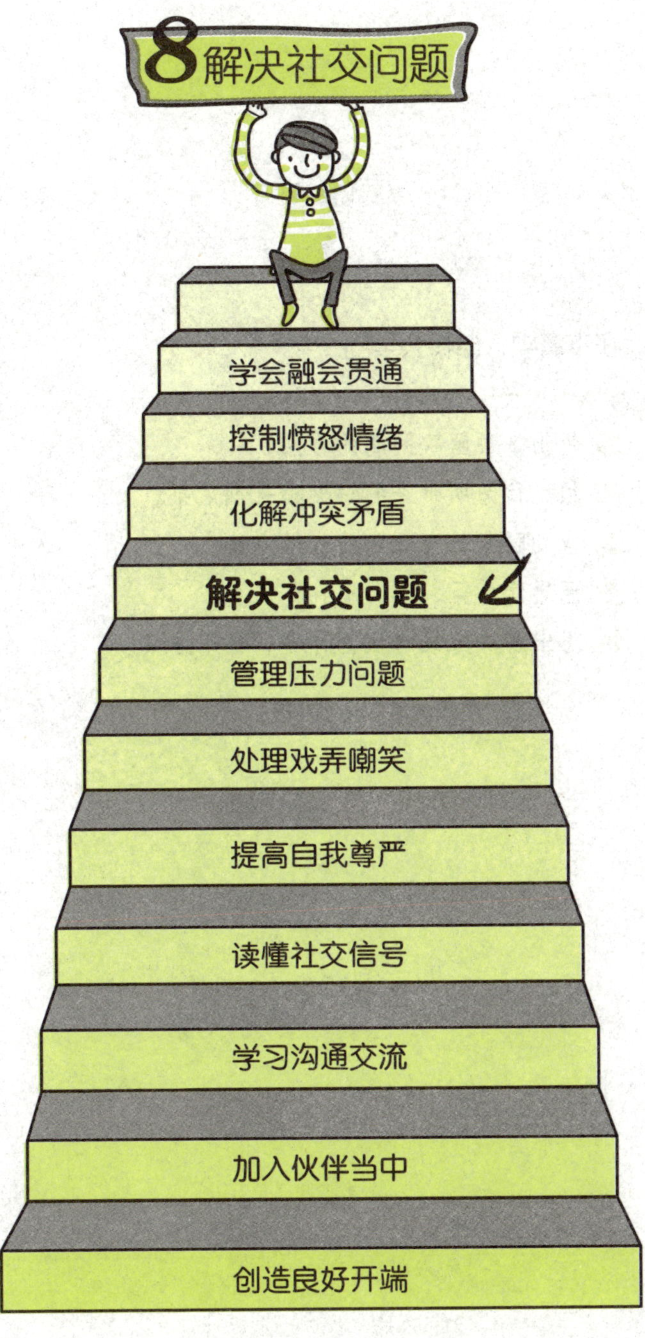
8 解决社交问题
学会融会贯通
控制愤怒情绪
化解冲突矛盾
解决社交问题
管理压力问题
处理戏弄嘲笑
提高自我尊严
读懂社交信号
学习沟通交流
加入伙伴当中
创造良好开端

在本章中，你将会学到

- 想出多种解决问题的方法。
- 预见行为所带来的短期和长期后果。
- 找到解决社交问题的有效方法。
- 三思而后行。
- 想出解决方案的执行计划和备用方案。

潘崔克的故事

潘崔克今年十一岁，几乎每天放学回家都会抱怨："我讨厌瑞恩！他总是在我做功课的时候烦我。"当爸爸问他详细经过时，潘崔克说瑞恩踢他的椅子，在他耳边咯咯笑，不假思索地回答问题，还把他课桌上的东西弄乱。爸爸问潘崔克他如何应对瑞恩的行为，他回答："我让他别再弄了，但是他不听。"爸爸妈妈试着告诉他一些应对瑞恩的其他方法，但是他不肯听，他只想用"住手"这样的表达方式来解决难题，而不想用其他方法。潘崔克的父母感到无能为力，因为孩子不愿意接受他们的建议。

姗娜的故事

姗娜今年七岁，她最好的自我防卫方式就是进攻。如果有小孩在操场上离她太近，她就会踢她。如果有另外一个小孩拿走她的玩具，她就会推开那个小孩，把玩具抢回来。姗娜对自己这样做的结果很满意，因为她在短时间内得到了她想要的东西，抢回了自己的玩具。但是她看不到这样做带来的长期后果，班里其他孩子都躲避她。他们认为她不友好，也害怕她伤害到自己。姗娜的老师和父母曾尝试着帮助她看到自己行为的后果，但是姗娜缺乏应对这种情况的方法，不能顺利有效地解决问题。

潘崔克和姗娜都遇到了社交问题，看起来他们都无法自己应对。他们没有找到有效的解决办法。孩子们通常想不出多种解决问题的方法，他们用本能的反应来解决问题，并且面对各种不同的情况，只会用同一种方法来解决，即使这种方法并不是最好的。姗娜喜欢一开始就用强势的方式，不考虑这样做所带来的后果；而潘崔克则是在自己的方法不起作用的时候，感到沮丧。

小测验

关于“解决问题”

做下面的小测验，判断孩子是否需要帮助他学习解决社交问题的技巧：

- 孩子是否能看到自己在人际关系问题中做扮演的角色？
- 孩子是否能对自己在人际关系中所犯的错误承担责任？
- 孩子是否能换位思考？
- 孩子是否能想出解决人际关系问题的多种不同解决办法？
- 孩子是否能按照一个周全的行动计划来解决人际关系问题？
- 孩子是否能预见到别人对他的反应？
- 孩子是否能想到行为的长期后果？
- 孩子是否能想到行为的短期后果？
- 孩子是否能用开放的心态说出自己的问题？
- 孩子是否能为自己设立一个目标，并且为实现目标而一步步努力？

如果上面所有问题的回答都是肯定的，那就说明你的孩子已经能很好地解决人际关系问题，你可以跳过这一章。如果有些答案是否定的，那么本章还是值得你继续读下去，并尝试做其中的一些练习。

解决社交问题的简单六步法

这些解决问题的步骤比较简单，但是让孩子讨论他面对的问题，并且帮助他自己来解决问题却并不容易。下面是基本的步骤：

第一步：确认问题。

第二步：集思广益找到解决问题的多种方法。

第三步：思考每个解决方法所带来的后果。

第四步：列出行动计划。

第五步：找出备用方案。

第六步：尝试你的计划以及备用方案。

嗨，昨天我们通过“角色扮演”，练习了如何对付罗伯特的嘲笑，管用吗？

不管用！我说“随便”，但是他还是继续烦我。

1

嗯，太糟糕了。那你怎么办？

我给他难看的脸色，然后就走开了。

2

管用吗？

管用。他没再烦我。幸好我们有备用方案。

3

我很高兴！

4

过程中遇到的难题

上面的方法看起来简单，但是对于有社交问题的孩子，却很难学会。或许你听到过孩子这样说：

“我不想说出自己遇到的问题。”

如果孩子不愿意和你谈论他的问题，那就很难帮助他解决。对有些孩子而言，让他敞开心扉就如同拔牙一样痛苦。回避问题不采取行动来扭转事态，有时候会让问题变得更严重。

“我不喜欢在行动之前先想。”

很多孩子依靠本能来应对问题。他们会根据第一反应，马上采取行动。往往是这种冲动的行为给他们惹来麻烦。例如姗娜的冲动就是“先踢，然后再想”。帮助孩子解决社交问题的其中一个挑战就是：让孩子冷静下来，三思而后行。

“我只能想出一种解决问题的办法。”

我们要付出很多努力才能想出许多解决问题的办法。例如：潘崔克只想出一种办法来制止瑞恩，即使不起作用，他还是继续使用这个方法。大脑中出现的第一反应通常是比较冲动的方法，而经过思考后的解决办法通常更能起到长期的效果。

“不管后果怎么样，我就想现在解决问题！”

在姗娜的例子中，很明显地看到当她踢别的小孩时，她不会在意长期下来那个孩子会怎么看待她，她只想着现在得到想要的东西。帮助孩子了解自己行为所造成的长期破坏性后果，对父母是个挑战，但却是非常有用的，这是解决问题的目的。

“当问题再次出现的时候，我忘记该怎么做了。”

没有定期的练习和“角色扮演”，孩子可能会在直接面对问题时，忘记该怎么做。

帮助孩子解决问题

第一步：温和地问孩子出现的问题。

看看孩子是否愿意谈论他的问题。“你看起来不高兴。想不想说一说？”如果孩子不想说，那就向他保证，等他什么时间想谈的时候，你随时听他说。“如果你想以后再谈，我随时听你说。”

第二步：倾听孩子，不要论断。

找一个安静的时间和地点与孩子交谈，让孩子有足够的时间诉说。先听他讲完所有的经过，再做回应。使用积极倾听的技巧，说鼓励的话语。对孩子来说，开放性的陈述比提问威胁性更小些。试着说：“告诉我发生了什么？”或者“和我说一下事情的整个经过。”而不要说：“你为什么那么做？”有时候你可能很容易对孩子有情绪上的反应，特别是当你不同意他的做法时，更要保持冷静，不要做出反应，给他一如既往的支持。

第三步：运用“重复与倾听”的技巧。

时不时地重复孩子所说的话，来确认你理解了他的感受和想法。如果你没有听懂，就让孩子来纠正你。“所以，你刚才说吉米在课堂上踢你的椅子，让你很不高兴，对吗？”

第四步：鼓励孩子用两句话或者更少的句子来概述他的问题。

对问题有个简单而清楚的了解，有助于孩子找到恰当的解决方法。

第五步：让孩子提出各种解决问题的方法。

记住：最开始想到的方法很可能是最没有效果，也是最冲动的想法，但是不要做任何论断。不管想出的办法看起来多么不切合实际，都要尊重他提出的每种方法。写下孩子想到的这些解决办法，并对每种办法都做积极的回应。“这倒是个办法，还有吗？”避免提出你自己的解决办法。如果孩子说：“我想不出任何办法。”或者“我试过所有的办法，都不管用。”或者“我不知道该怎么解决这个问题。”不要接受他的这些说法！对他要有信心，耐心地坐下来，等待他想出办法来。“我相信你能做到。我会一直等你想出办法来，我们有足够的时间来想。”

第六步：帮助孩子评估他所提方案的优缺点。

问孩子：“如果你那么做，情况会怎么样？”帮助他了解自己选择所带来的正面和负面的影响。记住：要考虑他所提方案可能引起的短期和长期的后果。例如：如果孩子受到同学的嘲笑后，揍了对方，在短时间内那个同学可能不会嘲笑他了，但是长期的影响是你的孩子可能会有麻烦，被当做是“暴脾气”。

第七步：帮助孩子做出行动计划。

孩子在考虑到他所想方案的后果之后，鼓励他选择一个适合他的办法。要记住：你处理问题的方式可能会和孩子截然不同，允许孩子选择适合自己的解决办法，这样他才更愿意做相应的行动计划。孩子已经排除了那些“高风险”的办法，那他就可以做出一个解决问题的步骤。想象一下你鼓励他自己做选择，他会多开心。把行动计划写下来，然后通过“角色扮演”，或者预演一下他的计划，会对他很有帮助。和孩子一起预先考虑一下在互动过程中有可能发生的潜在问题，并且提前和他练习当这些问题出现时的应对措施。

第八步：选择备用方案。

最好事先准备好第二个甚至第三个方案，以便在第一个方案不成功的时候使用。按照演练第一个方案的方式来练习备用方案。最好让孩子有备而来，而不是在面对问题时，准备不足。

第九步：检查使用效果。

记住要寻问孩子解决办法是不是管用。“你昨天说如果凯蒂今天再嘲笑你，你会说‘那又怎么样！’你有机会使用这招吗？”如果孩子用了这些办法，就要给孩子足够的鼓励；

如果孩子没有用，那就需要再复习一下，鼓励他下次使用；如果孩子忘记使用解决办法，你可能需要再复习一下，做“角色扮演”，这样就可以让他对这些方法记忆犹新。

孩子在生活中会不断地遇到问题，教给孩子解决问题的技巧，会让他在成长过程中面对问题时有效应对。你会发现本章所讲的解决问题技巧，也会在后面的章节中运用。

解决冲突和控制愤怒的方法都基于要有解决问题的技巧。我们这里所学到的每个步骤都是基本的方法，它们可以运用到任何场合。当孩子越来越会思考问题和解决问题之后，他就能在更复杂的人际关系中游刃有余。

你看上去不太高兴。可以和我说说吗？
不想。
好吧。如果你什么时候想和我说，就告诉我。
1

妈妈，我今天和老师发生了些不愉快的事。
说说看。
我上课说话，所以被取消了课间休息。
我知道你不愿意被取消课间休息。我有什么可以帮你吗？这样下次就不会再发生这样的事情了。
2

明天，我等到课间休息的时候再和亨利说活。
好办法！还有吗？
3

我明天为上课说话的事向老师道歉。
好主意！
4

生日聚会
——学习解决问题与合作的最佳场所

生日聚会是个很好的场所，通过游戏和活动彼此合作，增强解决问题的能力。你可以创建一个氛围，通过大家的努力来实现一个共同的目标，并确保所有参与活动的孩子都有一个好的体验。

在合作项目中，没有输赢，大家都是赢家。团队活动提倡信任、自信，以及发展健康的同伴关系。在生日聚会中，如果要成功地进行合作性游戏，那么成人的监督是最基本的要素。有了成人的加入，合作性的游戏才会带给孩子积极正面的人际关系，这是其他活动无法提供的。

创建积极的氛围

如果你组织生日聚会，就要竭尽全力创建一种积极的氛围和健康的合作环境。在生日聚会的准备和进行过程中要记住下面几点：

1. 只要有积极的互动，就奖励所有的孩子。

例如：如果每个孩子都彼此合作，那么就奖励每个孩子特别的小礼物，或者零食。

2. 灵活处理。

为了满足孩子的需要，随时更改聚会的计划。

3. 如果孩子在活动中开始觉得不耐烦或者无聊，那就转移他们的注意力。

可以玩一个简单的游戏，让大家重新集中注意力。

4. 使用“我”的句子来纠正不恰当的行为。

例如：你可以说：“苏思，这里太吵的话，我就听不清约翰在说什么。”

5. 用正面的方式执行规定和处罚。

对孩子说：“把牛奶从桌子边上挪开，这样就不会洒了。”而不要说：“别把牛奶弄洒了。”

6. 注重游戏的趣味性和玩法。

弱化输赢。

7. 强调自我提升和自我修正，而不要强调竞争。

8. 避免“最后一个被挑走”的情况发生。

自己亲自参加分组，让各方实力均衡，或者在孩子们已经有一半被选中的时候，及时喊停，你来进行剩下孩子的分组。你也可以把名字写好放在帽子里，随机抽取，这样可以轻松公平地完成分组。

9. 尽量同时照顾到两个或者多个孩子。

“多棒的团队！你们队合作得真好！”

10. 如果你发现有孩子受到冷落，就让他来当头儿。

11. 鼓励孩子尽力做到最好的自己，而不要和别的孩子进行比较。

强调自我提高。确保任何一个竞争项目，都是和他们过去的表现相比，而不是和其他孩子比较。

12. 不要取消孩子参加游戏的权利。

13. 强调游戏的趣味性，而少用奖杯或者奖品奖励孩子。

通过游戏鼓励孩子解决问题

下面是一些游戏和活动，孩子们可以在室内或者室外聚会的时候玩。记住：这些活动需要成人的合作和监督。

1. 人体结

指导孩子肩并肩站成一个圆圈，让他们伸出双手，放到圆圈的中央，握住对面人的手。确认没有人两只手都握住同一个人的手，或者握住站在旁边人的手。手握住不放，整个团队要一起合作，运用“做决定”和“解决问题”的技巧来打开这个结。

2. 拼图寻宝

把杂志的封面或者明信片剪成小块作为拼图，发给每个参加游戏的成员。每张拼图只留下一块，把剩下的藏在屋子里。孩子们来的时候，发给每个人一块拼图。他们必须互相帮助才能找到所有的拼图，然后拼成完整的图形。

3. 蜘蛛网

你需要准备很多线和足够多的小礼物发给孩子们。每个礼物上都要绑上线，把礼物藏到屋子的各个角落，边走边把线绕在家具和柱子上。把线头发给每个孩子，他们需要想办法解开线的缠绕，才能找到礼物。每个找到的孩子必须帮助其他人找到礼物。

4. 名人组合

这个活动需要做一些准备工作。准备一堆索引卡片，每张卡片上都写有两个名人的其中一个。（例如：蝙蝠侠中的蝙蝠侠和罗宾。）把这些卡片随机地贴在孩子们的后背。他们通过询问“是”或者“否”来寻找另外一半。例如：他们不能直接问：“我是谁？”而可以问：“我是卡通人物吗？”或者“我是武打演员吗？”在他们找到自己的另一半之前，需要运用解决问题的方法，找到自己背后贴的究竟是谁。

5. 毯子球

让每个孩子抓住一个大毯子的一边，使毯子可以平铺在他们之间，在毯子中间放一个又大又轻的球。他们的目标是彼此合作上下抖动毯子，让这个球投进旁边的垃圾桶里。

6. 鳄鱼池

一组人用两块木板架起从起点和终点的“桥梁”。任何人从木板上掉下去，整组人都需要回到起点重新开始。鼓励所有的孩子专注于如何齐心协力完成任务，并集思广益找出从起点到终点的方法。

解决问题的游戏和练习

1. 解决问题工作表

做一个“问题解决记录本”。帮助孩子记录并评估他解决问题的能力。

下面是“问题解决记录本”的示范

这个问题和什么相关（请选择）：

嘲笑	加入伙伴中
解决问题	同伴压力
控制愤怒	自尊
谈话	与兄弟姐妹相处
解决与他人的冲突	解决与父母的冲突
其他：________	

其他人会有什么想法和感受？

____

____

____

你是否想到一些有助于解决问题的办法？是什么办法？

____

____

你是否经过“头脑风暴”的方式想出应对这种情况的各种方法？你的选择是什么？

____

____

____

你想到过这些方法有可能带来的后果吗？ □是 □否

____

____

____

针对这种情况，你决定怎么做？

自我评价：

- 我想不出任何办法
- 我只想出一种方法
- 我想出很多方法，并且尝试用其中一种
- 没有用
- 很管用

____

____

2.“头脑风暴”游戏

开动你的脑筋。选择一样日常用品，比如曲别针或者黑板擦。告诉孩子，找出这些日用品的一两种用途很容易，但这个游戏的目的是让孩子开动脑筋想出除此之外的其他用途。不管这些想法多愚蠢，都把它们写下来，一直写到他实在想不出为止。这项活动帮助孩子活动他的大脑，自由地思考，想出解决问题的办法。

3. 解决问题的游戏

玩解决问题的游戏。设计一套卡片，上面写有孩子经常遇到的问题。在家里随便找一个游戏板，让孩子掷骰子，然后挑选一张卡片。如果他能恰当地回答所遇到的问题，就给他一个扑克筹码，然后按照骰子显示的点数，前进到下一个位置。下面是一些常见问题的例子：

- 有人在公交车上一直骂你，怎么办？
- 你和朋友玩篮球，他一直霸占着球不给你，怎么办？
- 妈妈清理你的房间后，你找不到最喜欢的玩具了，怎么办？
- 两个小孩坐在你身后，他们上课一直说话，你听不清楚老师讲课，怎么办？
- 打开电视，你和姐姐想看不同的电视节目，怎么办？
- 你成绩单上得了C，但是你觉得自己应该考得比这更好，怎么办？
- 老师责备你上课讲话，但其实是旁边的孩子在讲话，可他不承认，你惹上麻烦，怎么办？
- 你还可以根据自己孩子的实际生活，写下各种情况。

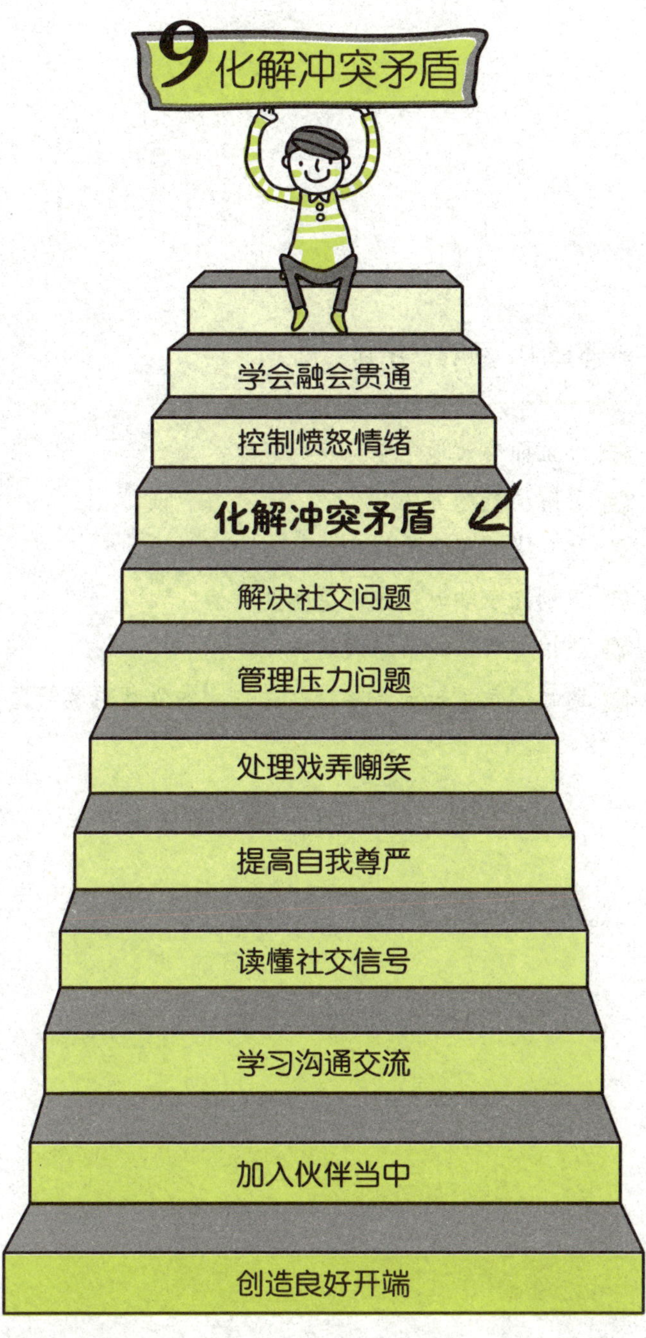
9 化解冲突矛盾
学会融会贯通
控制愤怒情绪
化解冲突矛盾
解决社交问题
管理压力问题
处理戏弄嘲笑
提高自我尊严
读懂社交信号
学习沟通交流
加入伙伴当中
创造良好开端

在本章中，你将会学到

- ☑ 公正而有效地争论。
- ☑ 了解谈判的方法。
- ☑ 找到妥协所需的技巧。
- ☑ 识别在争吵时应该避免哪些行为。
- ☑ 使用“我”的情绪表达方式。
- ☑ 通过“角色扮演”学会站在别人的立场思考问题。

查理的故事

查理和爸爸总是吵架，他们似乎总是能激怒对方。爸爸让查理做家务活，比如：“清理你的房间。”查理会说：“好，一会就做。”然后冲突就开始了。爸爸通常会威胁查理没收他的任天堂游戏机，查理会生气地吼叫。之后，冲突进一步升级，而查理则捂上耳朵作为回应。爸爸进一步威胁他：“不准开生日聚会！”“一个月不准看电视！”或者“一年都要早起床！”爸爸开始骂查理“不懂得感恩”“被惯坏的家伙”“懒鬼”。而查理则开始大哭、尖叫，跑回自己的房间，把门摔上。

艾丽莎的故事

艾丽莎喜欢按照自己的方式做事，特别是当她和朋友萨拉、丽姿在一起的时候。只要这些女孩按照艾丽莎的意思去做，她就会很高兴。但是如果萨拉和丽姿想用不同的方式来做，她就会非常沮丧，并且试图让她们按照她的想法做事。她会使用书里所提到的各种技巧，说她们的想法很愚蠢。如果她们仍然不按照她的想法做，她会提高音量，并且威胁不再和她们做朋友。艾丽莎甚至会用贿赂的手段，让其中一个女孩与另一个作对。她们约在一起玩的时候，通常会以两种方式收场：要么两个女孩放弃自己的想法，按照艾丽莎的意思去做；要么艾丽莎生气地走开，不再和她们玩。（第二天，同样的情况又会再次发生。）

小测验

解决冲突

每个人都可以通过一些指导，来有效地解决冲突，成人也一样，但是有些孩子需要更多的帮助。做下面的小测验，判断是否需要帮助孩子公正而有效地解决冲突：

- 孩子是否很少与同伴发生争执？
- 孩子是否很少在家里发生争执？
- 孩子是否能用“我觉得”这样的句子来表达自己的感受？
- 孩子是否经常能提出妥协的办法来解决与他人的冲突？
- 孩子是否能了解他人对同一件事情的看法？
- 孩子是否能使用一些办法来解决问题？
- 孩子是否能避免用威胁、贬低、吼叫或者发牢骚的方式来解决与别人的争执？
- 孩子是否能在与人发生冲突的时候保持冷静？

很少有成年人对上面所有的问题都有肯定的回答，对孩子来说就更少了。如果你的孩子属于这少数人之一，那你可以粗略地读一下本章，然后阅读下一个章节。

痛快地吵架

我们经常在生气、沮丧，或者对什么事情失望的时候，和朋友或者家人发生争执。你是否想到过在孩子面前吵架，可能会对他们产生负面的影响？或许你会认为在孩子面前吵架会严重影响到他们的心理健康，或者认为如果孩子看到父母吵架，他们也会变得更有攻击性。其实，你不必担心这些。

让孩子看到争吵的场面本身并没有什么危险性。实际上，它是一个向孩子展示如何成功化解冲突的机会。通过争执可以找到解决问题的办法，成功地达成一致的协议。其中一方愿意改变自己的行为，并且站在别人的立场，替他人考虑。

家人之间的争吵，可以让孩子了解到互敬互爱的两个人也不是永远都同意对方的观点。重要的是让孩子看到，他们的父母在家庭教育原则和基本价值观方面是一致的，但是他们也是有自己想法的独立个体。

争吵很容易，但是公正地争吵却不容易。你本来希望能平静轻松地解决冲突，但是却吵了起来。吵架的时候，你不免会把自己封闭起来，大发脾气，说出伤害人的话。如果这对于成年人来说都很难避免的话，可以想象对一个正在为自我控制纠结，并且正在学习用语言而不是行动来表达情绪的孩子来说是多大的挑战。

示范化解冲突的好方法

化解冲突是门艺术。如果双方能按照解决冲突的原则来做，那么就能成功地化解冲突。为了帮助孩子掌握这些要领，你需要在家里示范这些方法。无论你和爱人还是孩子争吵，下面的方法能帮助你顺利地解决冲突。

第一步：知道是什么事情激怒了你。

如果你知道到底是什么事情让你生气，那么你就能控制自己的反应。并且在某种特殊情形下，提前预见到自己会有生气的感受。觉察到这一点，你就可以事先想出控制怒气的办法。

和孩子一起列出哪些情况会让他特别生气。帮助孩子了解什么事情会激怒他，这样他就能很好地应对以后所遇到的冲突。

第二步：争吵之前先做计划。

如果你知道是什么人因为什么事情而生气，在找这个人理论之前，先问自己下面的问题：

- 我对这件事情的立场是什么？
- 对方的观点是什么？
- 我希望事情有什么改变？
- 怎么让我和对方都能高兴？

你越早做计划，就越容易在讨论的时候保持冷静，并且清晰地表达自己的感受。同时，也帮助孩子提前做计划。如果你看到他将要和同伴或者成人发生冲突，就需要立刻介入，和他一起回顾上面的四个问题。

我需要问问爸爸妈妈是否能参加周六晚上的聚会。我知道他们不想让我去，因为没有大人在。我要提前想好我的计划。让我想想。

妈妈，爸爸，我想参加周末在赖瑞家的聚会。
他的家长会在场吗？

我可以骗他们。但是如果被他们发现一定会很生气。
没有，他们都不在城里，不过我们只有几个小孩一起玩。

都有谁参加？
萨拉、杰西卡、萨姆、我、斯蒂芬、赖瑞。我们只是在一起聚聚，吃匹萨，玩乒乓球。

我不喜欢他在那里没有人看管。
我也不喜欢。但是我们没有理由不相信他。
我保证打电话回来，并且十二点之前回家。

好吧。如果你保证打电话回家，并且半夜前回家，就可以去。
这样听起来比较合情合理。

第三步：一次处理一个问题。

解决问题最大的障碍之一就是“翻旧帐”。不要只顾发泄自己的种种不满，而没有专注于解决眼前的冲突。“翻旧帐”容易分散争论的重点，并且把冲突升级，而不利于化解冲突。如果你事先做计划，就不会“翻旧帐”。

如果你注意到孩子在争论的时候，从一个重点转移到另一个重点，就要帮助他回到主题上来。不要让自己因为不相关的信息而偏离主题。你可以说：“这个或许很重要，但是我们现在不谈论它。我们回到主题上。”

第四步：选择恰当的时间和地点。

最好在没有干扰的时候解决冲突。餐桌上和五个孩子一起吃晚饭，就不是一个能积极讨论的最好时间。选择对方心情比较好，又愿意开诚布公地谈话的时间。

和孩子讨论冲突的时候，时间的选择是关键。刚放学回家，孩子们很疲倦，这个时候不是谈话的好时机。同样上学前也不是好的选择。可以在没有人着急出门、家里又很安静的时候来讨论，比如晚饭后，或者睡觉前。要选择对你和孩子都合适的时间和地点。

第五步：直接说出你的需要和感受。

女孩由于受到社会化的影响，通常会通过间接的方式得到自己想要的东西，所以直接说出需要和感受对女孩会特别困难。不要拐弯抹角，开诚布公地说出来：“我喜欢和你谈谈一直困扰我的一个情况。我需要你帮助我如何解决这个问题。”

当孩子有事情要告诉你的时候，你可以通过专心的倾听来帮助他。倾听他的诉说，就表示你允许他把事情直接说出来。

第六步：注意肢体语言。

你可以借助观察人们的肢体语言来了解他们内心的感受。他们坐下的时候，是否交叉手臂、腿，以及手指，并且满脸怒气？这些不是坦诚沟通的信号。等他们的身体变得轻松自在时，再开始进行讨论。

留意你自己的肢体语言。如果你注意到自己的身体语言流露出紧张、生气，或者敌意的时候，要让孩子知道。“现在不是谈论这个问题的最佳时机。我觉得很烦躁。我们晚饭后再谈。”

第七步：说出对方的感受。

这样做可以让对方知道你在听他们说，并且他们所说的事情值得你继续听下去。“你说你很沮丧，因为我让你一回家就写作业，但是你想先吃点零食。对吗？”

练习本书第三章关于“复述式倾听”的游戏。这个游戏可以帮助孩子复述争吵时对方的感受。每当冲突产生的时候，就做这个游戏。让孩子告诉你，在你们发生争执的时候，他认为你可能会有什么感受。孩子们很容易忘记父母在激烈的争吵过程中，也会有自己的情绪。

第八步：走向谈判桌前，想好妥协的办法。

在你预先做计划的时候，就要想出多种解决冲突的办法，并且确认这些妥协和改变是你能做到的。如果在谈判桌前只能让对方做出妥协，那你就不会成功；如果你让对方看到你愿意做出改变，那么对方也会同样愿意做出改变。

“向孩子妥协”与“让孩子控制局面”是不同的。给孩子一些选择，但是要坚持你的期望。例如：“芭比，你的课外活动太多了。你可以从三项活动中选择两项，放弃一项。”芭比或许会说她不愿放弃任何一项，但这是不允许的。你可以让她选择放弃哪一个，但不可能让她三项都不放弃。

第九步：用“我觉得……”这样的句型来表达。

当你说“我觉得……”而不是“你做了……”或者“你是一个……”时，你就更容易让对方合作，而不是抵触。读下面的句子，哪一个听起来让你更舒服？

“你真是个脏东西，简直让我要发疯！”

或者“我告诉你整理房间，但是看到屋子里一团糟，我很难受。”

帮助孩子用语言而不是用动作来表达感受。当你听到孩子用恰当的方式让别人知道他的感受的时候，要赞赏他的努力。

第十步：在问题中看到自己所扮演的角色。

在你和孩子争吵的时候，这一点非常重要：如果你在孩子面前表现出为了化解冲突，而愿意做出改变，那么孩子也更愿意为自己的行为承担责任，并且会和你一起努力，达成双方都能接受的协议。

冷静解决冲突

在面对冲突的时候，重要的是让孩子克制自己。很多孩子就像成年人一样，面对冲突的时候会自动产生压力。他们变得生气、难过、激动，情况会很容易失控，爆发冲突。如果你看到孩子难过的时候，帮助他做出改变，用冷静、平和、克制的态度来应对。下面的指导对你会有所帮助。

冷静解决冲突的秘诀

- 做正面的表达："我可以处理。"
- 客观评估现状。"这个没有什么大不了的。没问题！"
- 用幽默的方式解围。
- 首先关注对方的观点："在我生气之前，先试着了解他是怎么想的。"
- 不要为小事烦恼。
- 向那些积极向上的人寻求帮助。远离那些你明知道会惹你生气的人。
- 做深呼吸。
- 推迟处理。"在处理这种情况之前，我要等自己冷静下来。"
- 分散注意力。"冷静下来之前，要专心写作业。"
- 睡个好觉。"我睡不好觉的时候，就会容易生气。我先不管这个问题，睡个好觉，明天早上再处理。"
- 三思而后行。
- 延迟你的本能反应。在回应之前只要等待几分钟，就能让激烈的争吵变得平和。

成功地解决问题

我们一起来回顾本章一开始，查理和爸爸之间发生的事情。但是这次，爸爸决定用不同的方式来解决问题。他已经从以前的经验中，知道查理会试图拖延打扫房间的时间，但是爸爸提前做了计划，并且想好了妥协办法。爸爸用更冷静平和的方式和查理谈话。他决定不让儿子激怒自己，也不让自己出现不利于解决冲突的行为。下面是他们的对话：

（查理在玩任天堂游戏机。）

爸爸：查理，你的房间太乱了，需要收拾一下。

查理：好，我待会儿就去。

爸爸：我知道你的游戏进行到一半，也知道还有多长时间。我把闹钟设置了十分钟。闹钟一响，你就去打扫房间，好吗？

查理：好的，爸爸。

（五分钟过去了。）

爸爸：查理，你还有五分钟就该收拾房间了。

查理：好的。

（三分钟过去了。）

爸爸：查理，还剩两分钟。

查理：我快结束了。

（一分钟过去了。）

爸爸：还有一分钟，然后我就把游戏机关掉。

（一分钟过去了。）

（爸爸冷静地关掉游戏机。）

查理：（哀求）爸～爸！我马上就打完这局了！

爸爸：（直接说出要求，复述查理的感受。）我知道中断游戏不好受，但是我给了你足够的时间。我需要你现在整理你的房间。

查理：（走进自己的卧室）我不想现在收拾，就差一分钟游戏就结束了。

爸爸：（保持冷静）衣服要放好，床要整理，桌子要收好。然后你可以回去接着玩游戏。

查理：哦，爸爸！

爸爸：你越早做完这些，就可以越早回去玩游戏。我知道你可以做到的。（爸爸离开房间，下楼。）

（查理叹气抱怨了一会儿，开始收拾房间。）

爸爸：我很高兴你把房间收拾得这么好。你游戏玩得怎么样了？升级了没有？

你是否注意到，爸爸这次没有说教或者给查理的行为贴标签。他维持自己的期望，给查理自由，可以再玩一会儿，但是坚持原来定下的界限。他还允许查理抱怨，但不做让步。这个冲突成功地化解了！

解决冲突的游戏和练习

1. 化解冲突“可以做”和“不要做”的事项

复习下面所列的“可以做”和“不要做”的事项。要特别注意“不要做”的事情，因为所有这些“不要做”的事情都注定不能成功解决冲突。

可以做	不要做
谈话过程中尊重对方。	不要威胁对方。
试图了解对方的立场。	不要贬低或者侮辱对方。
回应对方的感受。	不要吼叫或者咒骂对方。
复述对方的感受。	不要命令对方。
给对方机会表达自己的意见。	不要打断对方。
冷静而直接地说出自己的感受。	不要冷嘲热讽。
妥协。	不要夸大其词。
运用正面积极的肢体语言。	不要替别人说话。
有幽默感。	不要说教。
就事论事，不针对个人。	不要有罪恶感。

不要做　　　　可以做

你这个捣蛋鬼。这是最后一次带你购物！
爱因斯坦，这是你干的好事，你又把电脑弄坏了！
另外，我在你这个年龄的时候，从来不……
我受够了！我要你禁足一个月。

带你购物的时候，你到处乱跑让我很生气。下次你答应不乱跑，我才带你出来。
我们一起想想怎么才能不让电脑再弄坏。
你对我用这种不尊重的语气说话时，很伤害我。我们怎么才能不再这样？
我们以前说过这些了。我很生气。如果再发生，就禁止使用电脑一个星期。明白吗？

2. 家庭会议

- 家庭会议可以很好地帮助孩子学习如何解决冲突。
- 每周选择一个固定的时间召开家庭会议。很多家庭会选择周五或者周日的晚上。
- 在会议上，每一个人都表扬其他家庭成员做得好的地方。
- 表扬完之后，给每个人机会说出对其他人不满的地方。
- 帮助孩子用“我觉得……”的句型来表达抱怨。
- 帮助被抱怨的人重述他的感受。
- 如果有人抱怨你，你要保证自己做个“解决问题”的榜样。
- 开动脑筋，想出每个问题的解决办法。
- 做出应对每个问题的行动计划。
- 跟踪计划的执行。

3. 假装争吵

和孩子设计一个假装争吵的场合，通过“角色扮演”来进行吵架。使用正确化解冲突的方法，就可以得分。

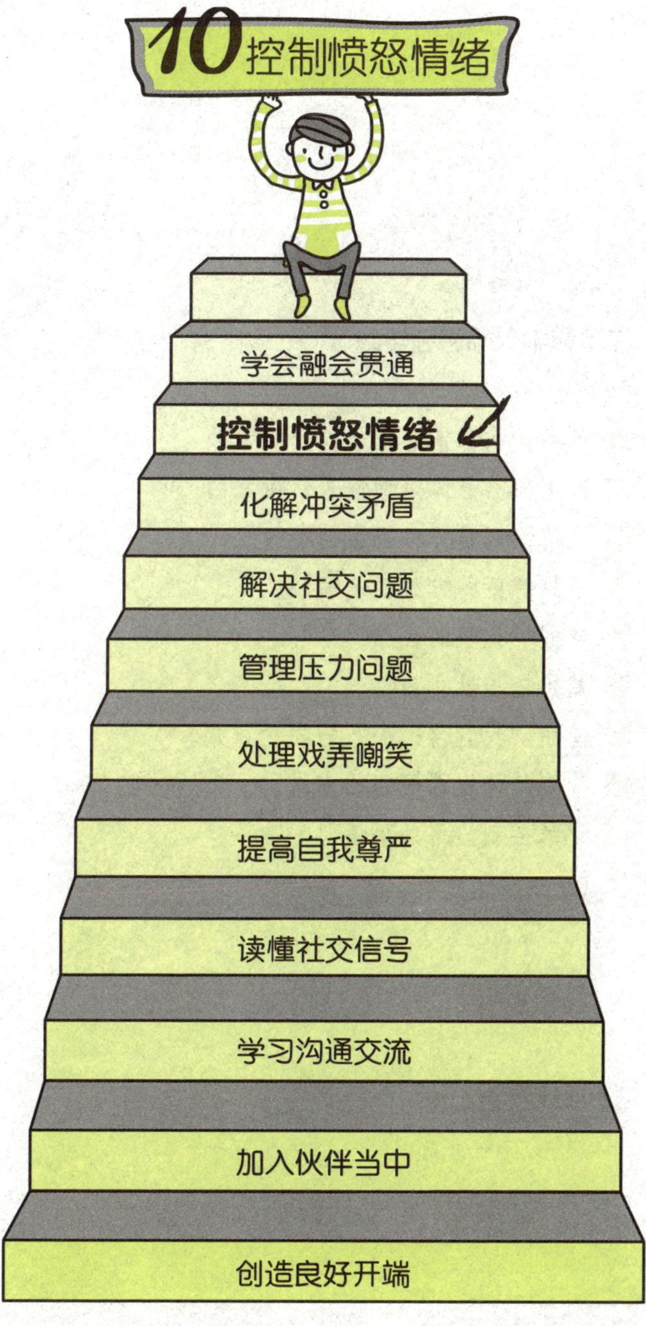
10 控制愤怒情绪
学会融会贯通
控制愤怒情绪
化解冲突矛盾
解决社交问题
管理压力问题
处理戏弄嘲笑
提高自我尊严
读懂社交信号
学习沟通交流
加入伙伴当中
创造良好开端

在本章中，你将会学到

- 了解什么事情能激怒他。
- 识别他的身体是如何表达愤怒的。
- 认清愤怒是一种正常的情绪。
- 寻找健康的方式表达愤怒。
- 掌握“积极的自我谈话”。
- 减少攻击性行为。
- 使用“我觉得……”的表达方式。
- 找到身体发泄愤怒的方式。
- 记录控制愤怒的事情。

吉米的故事

吉米的父母总是很清楚地知道他什么时候脾气发作，他爆发的时候脸色通红、咬牙切齿、紧握双拳，情绪会失控。他乱扔东西、损坏物品、大吼大叫、诅咒威胁，甚至会动手打离他最近的人。等他冷静下来的时候，又会为自己的乱发脾气而自责，并且向父母保证再也不会这样做了。但是，还是难免会生气、失控。他在输掉游戏，或者特别想得到的东西而父母不给他的时候，就会非常生气。吉米的父母不知道如何帮助儿子有效地处理自己的愤怒，减少攻击性的行为。

克莱尔的故事

克莱尔喜欢把事情藏在心里。她很少表达自己的愤怒，对别人的羞辱和欺负，她只字不提。除了偶尔对一些小事有些反应过度以外，她的父母从来也不知道有什么事情让她烦心。但是有时候突然之间，她会因为一点小事，比如朋友忘记给她打电话，或者妈妈买的东西她不喜欢吃，变得很生气，甚至伤心流泪。克莱尔的爸爸也喜欢把自己的感情隐藏起来，他会把每件事情藏在心底，偶尔才会大吼大叫发泄出来。此外，她的妈妈也很少表达愤怒，当有事情让她烦心的时候，她才会悲伤难过。克莱尔和她的父母都需要通过健康的方式来表达愤怒的情绪。

管理愤怒常常是父母最关心的事情之一，如果不能有效地管理愤怒，那么对家庭生活就会造成很大的影响。管理愤怒也是孩子最难学习的一项社交技能，因为它需要前面所介绍的技巧作为基础。例如，如果孩子不能使用正确的社交技巧来化解冲突，那么冲突就可能升级为战争。另外，如果孩子识别社交信号的能力提高了，那么他在人际关系的互动过程中就会避免愤怒。正因为这是一项非常具有挑战性的技能，所以我们才把它放到最后来介绍。

小测验

控制愤怒

做下面的小测验，判断是否需要帮助孩子用恰当的方法管理自己的愤怒情绪：

- 孩子是否很容易就生气？
- 和大多数孩子相比，孩子是否会因为一点小事就烦心？
- 孩子是否经常和别人吵架？
- 孩子是否经常和别人打架？
- 如果事情进展不合他心意时，孩子是否变得非常沮丧？
- 孩子是否习惯压抑怒气，直到爆发出来？
- 孩子生气的时候是否大吼大叫？
- 孩子生气的时候是否失声痛哭？
- 孩子生气的时候是否乱扔东西，或者毁坏物品？
- 孩子的愤怒是否影响到他的学习成绩？

如果你对上述的任何一个问题的回答是肯定的，那说明你的孩子还没有学会用健康的方式控制和表达愤怒。你需要学习如何帮助孩子保持冷静和自我控制。

愤怒是一种正常的情绪

愤怒是一种正常而健康的情绪，每个人偶尔都会有愤怒的体验。其实，它是一种有益的情绪，因为它让我们知道有什么事情不对劲，需要做出改变。当孩子开始适应生气的感觉，并且在不失控的情况下表达愤怒，那么他将体会到愤怒带给他的帮助。

愤怒可以帮助我们：

◇ 达成目标。
◇ 保持健康。
◇ 解决问题。
◇ 自我感觉良好。
◇ 更好地了解自己。
◇ 更清楚地向他人表达我们的需要。

只有在暴怒的情况下，或者用失控或压抑的方式来表达愤怒的时候，它才会成为问题。在上面所举的例子中，吉米是用失控的方式，而克莱尔是用压抑的方式。如果愤怒不能用恰当的方式表达出来，就会造成家庭关系紧张、学业困难、身心出现问题，以及人际关系的冲突。控制愤怒的第一步就是要找到怒气的根本原因，并且了解身体是如何表达这种情绪的，然后我们才能帮助孩子用恰当的方式表达愤怒。

第一步：了解愤怒的情绪。

首先，需要让孩子知道愤怒是一种可以接受的情绪，但是他们需要知道“感觉”和“行动”之间的不同。有愤怒的感受是可以接受的，而不加控制地乱发脾气是不能接受的。和孩子一起讨论关于“愤怒”的话题，告诉他愤怒是一种正常的情绪以及恰当表达愤怒的重要性。

首先，吉米和卡莱尔的父母需要和孩子讨论“用健康方式发泄愤怒的重要性”。吉米的父母可以在开始的时候这样问儿子：“当你生气失控的时候，会怎么样？”写下吉米的回答，把它贴在一些吉米可以经常看到的隐秘地方。下面是一些范例：

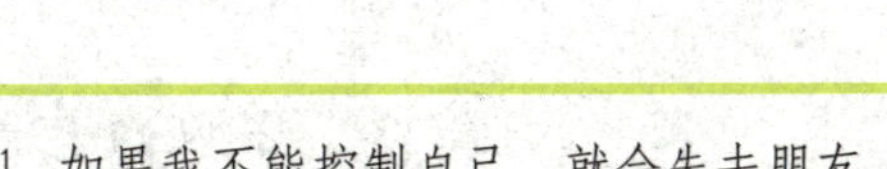

1. 如果我不能控制自己，就会失去朋友。
2. 如果我不能控制自己，就会在家里和学校遇到麻烦。
3. 如果我不能控制自己，就会感觉自己很糟糕。
4. 如果我不能控制自己，就会不开心。
5. 如果我不能控制自己，就会伤害到别人。
6. 如果我不能控制自己，就会说出伤害别人，也让自己后悔的话。

卡莱尔的父母在开始的时候，可以这样问女儿：“如果你把怒气压抑很长时间，不让任何人知道，会发生什么事情？”下面是卡莱尔的范例：

1. 如果我压抑自己的怒气，心里会很难过。

2. 如果我压抑自己的怒气，迟早会爆发。

3. 如果我压抑自己的怒气，可能会让自己生病。

4. 如果我压抑自己的怒气，会得不到想要的东西。

5. 如果我压抑自己的怒气，也很难让别人理解我的感受。

第二步：帮助孩子找到“激怒他的事情”（也就是让他抓狂的事情）。

避开让你生气的状况

多数孩子清楚地知道什么事情让他们生气。其实，当孩子们发现事情没有按照他们的心意进行的时候，“愤怒”是他们的第一反应。控制愤怒的第一步就是要提前知道“容易激怒他的事情”。孩子一旦了解了这些，就比较能够做到下面的事情：

- 避免让他们生气的情况出现。
- 提前想出平息愤怒的办法。
- 遇到生气的情况时，安抚自己。

和孩子坐下来一起集思广益，想出各种让他生气的情况，也就是那些容易激怒他的事情。把孩子的每个想法都写下来。下面是一个范例：

激怒我的事情

- 得不到我想要的东西。
- 被嘲笑。
- 被别人大吼。
- 作业的压力。
- 输掉比赛。
- 兄弟姐妹烦我。
- 感受到被冷落或者不受欢迎的时候。
- 事情不公平的时候。
- 被别人呼来唤去的时候。

孩子列出这个清单之后，要向他强调：知道什么事情让他生气很重要，这样才能控制愤怒。

第三步：识别愤怒的预警信号。

对孩子来说，他们开始感觉到愤怒的时候，让他们冷静下来非常难。如果你知道孩子生气的预警信号，会有助于你在孩子完全失控之前，提前介入。帮助孩子识别出身体对愤怒情绪的预警信号。

让孩子留意在他生气的时候，身体所发出的预警信号。下面是一些范例：

生气时的身体反应

- 心跳加速
- 脸又红又热
- 握紧拳头
- 嘴巴紧闭
- 头疼
- 胃疼
- 开始发抖
- 提高音量
- 咬牙切齿

这是生气时的一些信号。
1
心跳加速。
2
握紧拳头。
3
咬牙切齿。
4
提高声音。
5
生气时还有什么其他的信号？
6

你和孩子一旦知道了他特有的身体信号，那么你们就能在他生气的时候，一起合作，控制他的愤怒。在吉米的例子中，父母知道他在生气的时候，脸会涨红、握拳、咬牙。当这些信号出现，父母就可以对他说：“吉米，你出现了生气的信号，要不要回你的房间冷静一下？”或者“吉米，你的身体显示出你已经生气了，想不想试试我们之前讨论过的控制愤怒的步骤？”卡莱尔的父母可以说：“卡莱尔，从你的脸上我看到你不高兴，能不能告诉我们你的感受？”或者“卡莱尔，你的身体告诉我们你在生气，你能用语言把愤怒说出来吗？”

第四步：恰当地表达愤怒。

孩子已经非常了解什么事情让他愤怒，你们就可以一起讨论如何帮助他恰当地表达愤怒。他已经知道在生气的时候，身体会有什么感觉，也从解决冲突的章节中了解到吼叫、责备、贴标签、侮辱都不是解决纠纷或者表达愤怒的好办法。他从卡莱尔的例子中看到压抑愤怒也是不健康的，把愤怒压抑在心底会带来健康问题，并且愤怒总会在将来的某个时候爆发。

用健康的方式表达愤怒

1

2

3

4

5

6

控制愤怒的游戏和练习

下面的练习可以帮助孩子加强“控制愤怒”的肌肉群。

1. 跟踪记录生气的情况

追踪家人生气的情况。关键的一点是：父母要意识到自己表达愤怒的方式是什么。通过在家里跟踪记录生气的情况，可以发现家庭成员之间表达愤怒的方式很类似。如果父母不会用恰当的方式表达愤怒，那么他们首先要学习控制自己的愤怒，给孩子做榜样是帮助孩子控制愤怒的关键。

跟踪记录家人发脾气的情况，计算每周孩子和父母生气的次数。

	孩子	孩子	父母	父母
星期一				
星期二				
星期三				
星期四				
星期五				
星期六				
星期日				

另外，记录家里人是如何表达愤怒的。把你看到的行为记录下来。

	孩子	孩子	父母	父母
哭泣/流泪				
大吼大叫				
乱扔东西				
摔门				
摔东西				
离开房间				
直接说出来				
其他				

2. 画出来

让孩子在纸上画出生气的时候，三件可以做的事情。（例如练习放松、打枕头等等。）

3. “角色扮演”

先向孩子示范在某种情况下，你是如何表达愤怒的，然后让孩子针对你的示范提出反馈意见。接下来，让你的孩子针对某个场景，进行“角色扮演”，用健康的方式表达愤怒。

例子：“每天在学校，有个叫艾曼达的女孩会把同学拉到一边，在背后说三道四，让我很生气。我该如何处理自己的愤怒？”

妈妈先进行“角色扮演”

妈妈：艾曼达，你在背后嘀嘀咕咕，让我很受伤害。你到底在说些什么？

艾曼达：你说什么呢？我们没有对你说三道四。

妈妈：哦，对不起。那你不会介意我和你们一起聊天吧？

让孩子给你反馈

孩子：真好，妈妈。我也试试。

妈妈：你可以现在就试试。

接下来，让孩子进行“角色扮演”，练习妈妈刚才示范的方式。

4. 处理愤怒的小测验

让孩子做下面的小测验，看看他是否能分辨出面对愤怒时，什么是恰当的回应，什么是不恰当的回应。

场景：老师指责你作弊，其实你并没有作弊。针对这种情况，看看下面的回应方式中，哪些是恰当的，并在前面做标记。

标出恰当的回应方式

- ☆ 对老师大吼。
- ☆ 威胁老师要找校长。
- ☆ 难过、哭泣。
- ☆ 走开，不理老师。
- ☆ 认可老师说的话。
- ☆ 冷静地告诉老师你没有作弊。
- ☆ 要求再考一次。

5. 控制愤怒周记

帮助孩子跟踪记录他生气和回应生气的方式，看看他是否能做到控制自己的脾气。

日期：________

描述让你生气的情况：

____

____

描述你生气的时候，身体的感受：

____

____

你想过用什么方式来表达愤怒吗？：

____

____

你想过这些行为带来的后果吗？

____

____

你用的哪种处理方式？

____

____

你所用的表达愤怒的方式是否达到预期的效果？（选其中一个。）

□ 没有　□ 有一点　□ 有效果　□ 非常有效

孩子签字：________

父母签字：________

6. 将负面思想转变为正面思想

让孩子选择最近困扰他的一件事情，填写下面的表格。和他一起复习正面思考的重要性，因为正面思考带来正面的感受。

1. 描述情况：

____

____

____

2. 描述针对这种情况我的负面想法。

____

____

____

3. 针对这种情况我能有哪些正面想法。

____

____

____

4. 我能从哪些新的角度看待这种情况？

____

____

____

5. 我现在的感受是什么？

____

____

____

7. 写下“应该想”的事情，贴出来

帮助孩子列出在他为某事难过的时候，应该有哪些想法。贴在家里冰箱或者房门这些重要的地方。

“应该想”：

我在想其他的事情。

我很冷静。

也许这只是个偶然。

我要保持距离。

我能应付。

我要保持冷静。

这没有什么大不了的。

我很放松。

我可以做深呼吸。

8. 练习“我觉得……”这样的表达方式

让孩子把“责备”的句子改为“我觉得……”的句型。这个练习看着容易，做起来难。

“你总是迟到，简直让我受不了！”

改为：

“当你________________我觉得________________

下次，如果你____________________我就很高兴。”

“你真是个讨厌鬼！”

改为：

“当你________________我觉得________________

下次，如果你____________________我就很高兴。”

“你真烦！”

改为：

“当你________________我觉得________________

下次，如果你____________________我就很高兴。”

找一句责备的话

“当你________________我觉得________________

下次，如果你____________________我就很高兴。”

9. 制定控制愤怒的计划

控制愤怒是个循序渐进的过程。你需要设定一个目标，跟踪进展，并且当孩子取得进步的时候，给予奖励。不要在完全达到目标时才给奖励。要记住：在控制愤怒方面，没有十全十美。所以在实现目标过程中的的每一点进步，都要奖励。

目 标	预计完成日期	完成日期	奖 励
本周发脾气的次数少于五次	9/20	9/20	冰激凌/甜点

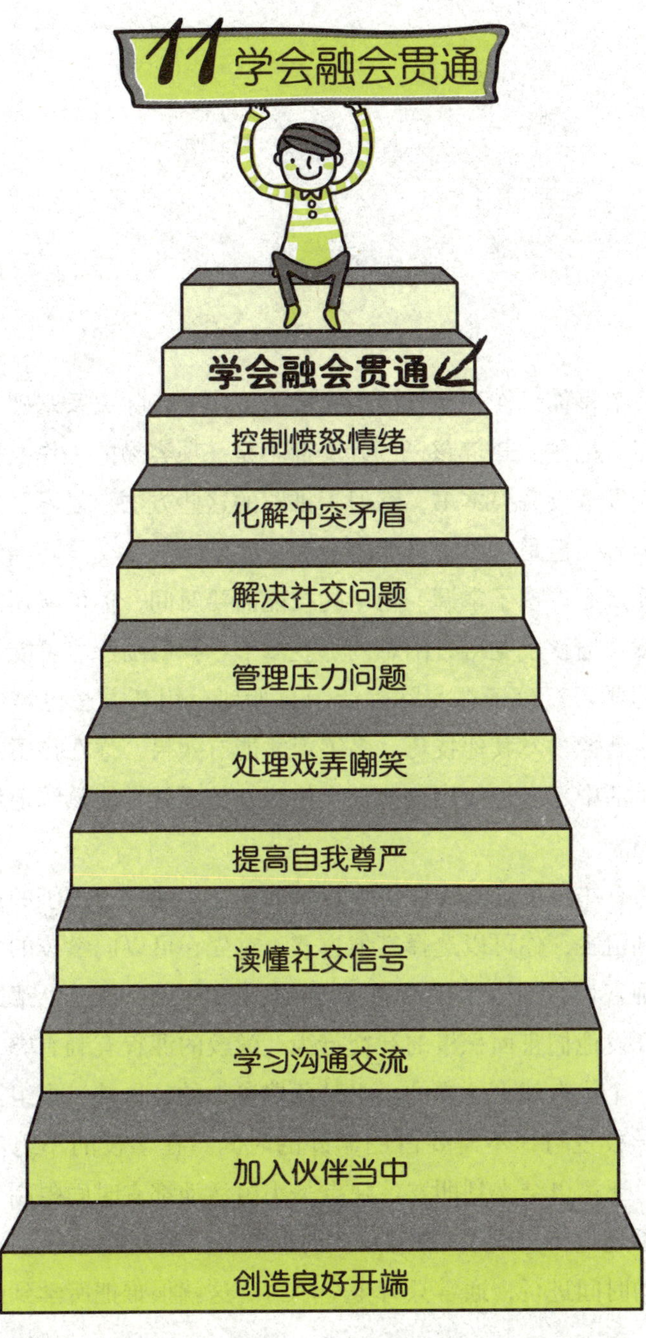
11 学会融会贯通
学会融会贯通
控制愤怒情绪
化解冲突矛盾
解决社交问题
管理压力问题
处理戏弄嘲笑
提高自我尊严
读懂社交信号
学习沟通交流
加入伙伴当中
创造良好开端

总　结

恭喜你！你和孩子已经完成了“建立人际关系基础”的学习。记住：培养孩子的社交商不是一项容易的工作。你可能会发现读完整本书，练习了推荐的这些方法，复习了所学的内容，但是，孩子可能还会为一些基本的社交技巧纠结。不要灰心。孩子掌握一项新的技能需要时间，你可能还想重新读一遍孩子觉得有困难的那些章节。我鼓励你尽可能多花时间学习，孩子在实际生活中自如地运用新方法也需要时间。就像学习其他技巧，多练习才能有效果。你在孩子的实际生活中越多地使用这些社交技巧，孩子就越能熟练地使用它们。

有些孩子确实需要更多特别的关注。如果对孩子的进展感到沮丧，你可以选择其他方式。首先，可以向学校的辅导老师咨询，很多学校设立了“社交技巧小组”，可以帮助孩子开发他们正面积极的社交行为。学校的课程有利有弊，其中一个优点就是这样的小组是免费参加的，另外，小组活动在学校进行，不需要占用额外的时间。在学校的小组活动中，还可以结交到朋友。缺点是小组活动都有时间限制（通常不超过十二周），并且每次时间较短。有些小组活动在午饭的时间进行，通常只有半个小时。这就很难把所学到的方法运用到实际生活中。另外一个缺点就是父母无法积极加入进去，这样，在小组之外就没有办法提供帮助和练习。

但是，学校的小组活动可以和校外的团体合作，像“进步基石”这样的课程就已经在全国各地开展起来了。在为孩子选择适合的课程时，请牢记下面几点：

1. 仔细研究课程。

确认它是设计成熟的课程。向结业的学员了解授课的细节。课程是否是为专门发展某项特定技能而设计？有哪些特别的技巧？以及讲授的方式是怎样的？

2. 了解负责人的专业级别。

许多保险公司在心理健康部门会设有治疗小组，但是他们只有特殊行业注册的人。例如：在大部分的保险计划里，会有注册临床社交工作者和注册临床心理医生。询问负责人他们从事这项工作有多久，以及治疗小组运作的时间，这些问题都非常有用。

有许多资质很好的治疗师已经有多年的工作经验，但是小组治疗的经验却很少。小组治疗的方式很不一样，需要特别的专业知识。

3. 选择允许父母参加的课程，这样你和孩子可以在课后进行练习。

这个需要你做出很大的承诺。如果只是每周送孩子上课，修正他的行为，这样做很容易。但是以我的经验，父母的参与可以帮助孩子将所学到的技巧运用到不同的场合，而不单单是学习技巧本身。你应该投入精力去参加，并最大限度地从课程中受益。

4. 选择长期课程。

有些课程为期六到十二周。你也许会认为参加这样的课程省时、省钱、省力，但是，问题在于这种短期课程没有效果。期望孩子通过短短的几周学习就能把所学的技巧运用于不同的场合，这种想法并不现实。

把所学的技巧运用到学校和家庭是非常困难的过程，但是不是没有可能。把课程、练习、父母的支持有机地结合起来，孩子就能提高他的社交商，不再感到孤独，并能和其他孩子融洽相处，在生活中感觉快乐幸福。

◇ 仔细研究课程。

◇ 了解负责人的专业级别。

◇ 选择允许父母参加的课程，这样你和孩子可以在课后进行练习。

附 录

写给有特殊需要的父母

尽管“进步基石”在本书中所介绍的“社交技能培训课程”是为所有受社交困扰的孩子所设计的，但是，这些方法同样适用于有特殊严重社交问题的孩子，例如被诊断为“注意力缺乏 / 多动症”（AD/HD）、“阿斯伯格综合症”（一种泛自闭症）、“严重功能性自闭症”（HFA）以及“非语言学习障碍”（NLD）的孩子。

如果你的孩子有特殊问题，那么除了在家里和孩子一起练习社交技能外，还希望你能在附近找到训练孩子社交技能的专业治疗师。受过训练的心理专家可以帮助你实现这个期望，这样，你和孩子都不会感觉灰心和沮丧。掌握新的社交技巧对任何一个孩子都很难，所以，重要的是你要用有效和现实的方式来把这些概念介绍给孩子。

社交技巧培训专家很清楚地知道，要把目标分解成可实现的小任务，这样孩子才能成功地完成。另外，有经验的治疗小组长会使用系统灵活的方式来强化要达成的目标。把小组看做学校或者社区的小缩影，小组成员也可以成为彼此的教练。他们一起通过“角色扮演”、互相提出正面的反馈意见，以及给予建设性的批评建议等多种形式来练习社交技巧，并且知道在社交障碍方面自己并不孤独，这也增添了他们的力量。

如果你在当地找不到好的社交技巧培训课程，我们鼓励父母自己成为孩子的社交技能教练。你可以帮助孩子制定一个可实现的计划，并示范和演示新的社交技巧，对已经掌握的技能加以强化。如果可能，让兄弟姐妹一起参加，因为这种手足关系为孩子提供了更为安全的环境，可以练习如何化解冲突、解决问题，以及尝试新的控制愤怒的方法。

AD/HD 孩子的父母需要考虑的事项

不是所有患 AD/HD 的孩子都有社交问题。根据孩子的年龄、AD/HD 病的类型、孩子性别的不同，社交障碍也会有所不同。除了阅读本书，患 AD/HD 病孩子的父母还应该阅读大量关于 AD/HD 病的专业书籍，以便了解 AD/HD 病对孩子的影响。请参阅本章最后的参考书目。

患有 AD/HD 病的孩子通常会表现出一系列的个性问题，这会影响他们社交技能的发展。

1. 容易偏激、情绪不易调整，并且起伏不定。

患有 AD/HD 病孩子的情绪波动很大，同伴觉得他们捉摸不定。他们很容易被激怒，招来同伴的欺负。喜欢挑衅的孩子常常会招惹情绪不稳定的孩子。AD/HD 病的孩子抗挫折能力比较差，很容易被激怒而情绪爆发。

2. 对微妙的人际关系不敏感。

孩子需要随时观察周围环境，才能识别和理解别人的肢体语言和面部表情，并做出相应的社交行为。AD/HD 病的孩子经常会纠结在自己所处的环境中，所以他们会错误地解读社交信号。有一些社交问题，就是因为误解了同伴的社交信号而引起的。这种误解会导致在某些社交场合中“反应过激”，或者“反应迟钝”。孩子没有读懂社交信号，所以对别人的暗示和反应也不敏感（例如：别人的面部表情、肢体语言），这样会引起同伴的愤怒和沮丧，他们会认为自己的“社交提示”被忽略。

3. 冲动任性。

从产生冲动到真正采取行动，如果孩子没有足够时间来冷静的话，就难免发生社交方面的失礼现象。冲动常见的一个副作用就是不会倾听。如果孩子在开口说话或者采取行动之前，不能冷静下来，那么他 / 她会为伤害别人感情的那些不恰当的想法而纠结。因为心里这些纠结，导致谈话不能按照正常的“有问有答”的方式进行，同伴会觉得没有得到倾听而闭口不言。

4. 在学校长期受到压力会降低孩子的自尊。

在社交方面，有较高自尊的孩子比低自尊的孩子，更有能力做出正确的选择。低自尊的孩子容易沮丧，有些甚至会害羞、孤僻、与所有同伴隔离。那些躲藏在学校走廊里，被同学忽略和拒绝的孩子，经历着人际交往上的痛苦。

5. 不管体验是正面还是负面的，患 AD/HD 病的孩子很难通过体验来学习。

换句话说，如果一个没有 AD/HD 病的孩子犯了交往方面的错误，从同伴那里得到不友好的回应，那么他很可能就不会再犯同样的错误了。而患AD/HD病的孩子在知道不能再这么做之前，可能还会重复犯同样的错误。这让那些有可能成为他朋友的人很难接受，也很烦。

6. 对可预见到的奖励或者惩罚没有反应。

例如：一个AD/HD病的孩子帮助同学做功课，同学感激回报他，他/她可能意识不到这是对好行为的奖励。结果，在下次同学寻求进一步帮助的时候，AD/HD病的孩子又做出一些不善交际的事情。这种不确定的行为让同伴很困惑。

7. 很难预见听众的反应。

一个没有AD/HD病的孩子知道：自己古怪的做法在别人眼里会被看做是荒诞的行为。了解这一点可以规范他们的行为。而AD/HD病的孩子由于缺乏对自己行为所带来后果的预见性，而受到人际交往的束缚，不了解他们的困境，也不知道自己是如何陷入这种困境中的。

区分男孩和女孩有不同的社交圈很重要。无论男孩女孩，都愿意在同性之间互动，但他们玩的游戏截然不同。男孩喜欢身体碰撞、打闹、体育运动；而女孩喜欢交朋友，发展亲密关系。正因为男孩和女孩具有这些基本的不同点，女孩通常对人际交往方面的拒绝和忽视比男孩更敏感。

对AD/HD病的孩子，上面所提到的个性特点在两种性别的孩子当中都很常见，但是他们在表现形式和结果方面却有很大的不同。另外，同伴对于他们的反应，也会男女有别。通常来说，社会对男孩比对女孩更多一些理解。“男孩总归是男孩”的理念更助长了男孩天生的冲动。例如，社会上对男孩用打架来解决分歧的现象会视而不见。男孩斗嘴、说话口无遮拦很常见，社会也容忍这样的行为，庇护AD/HD病男孩的冲动。例如：一个喜欢运动身体强壮的AD/HD病男孩，可能会用身体的强项来补偿社交方面的不足。

另一方面，女孩通常在人际关系方面愿意和同伴在一起。对她们来说，身强力壮不重要，社交方面的悟性才是最重要的。所以，AD/HD病的女孩在社交方面所面临的特殊挑战比患同样疾病的男孩更艰巨。一个女孩在同伴面前表现不好，特别是做出不符合她性别特征的表现时，她即使不被女生们拒绝，也一定会被同伴排斥。对AD/HD病的女孩子来说，无论语言上还是身体上都很少能得到外界的包容。

一旦孩子的人际关系不好，就很难帮助他消除。但是也不是绝对没有可能，只是过程会很缓慢。这需要家长彻底了解是什么原因造成了孩子的人际关系不好。孩子的孤独感是非常让人难以接受的，没有父母愿意看到自己孩子有不好的人际关系，但是你只有了解是哪些行为招来其他孩子的反感，情况才能有所好转。

AD/HD病孩子的父母该怎么做？

1. 确认孩子的AD/HD病已经确诊，并得到积极的治疗，比如：药物治疗、社交技能培训、行为纠正等等。

关于AD/HD病的研究资料都强调这种疾病需要多方位的治疗方法。要确保你帮助孩子的各种专业手段都符合治疗方案和目标。

2. 和老师保持密切联系。

让老师向所有的学生强调你的目标，并练习所学的技巧。让老师帮助你对孩子的社交能力有个整体认识。

3. 仔细观察你的孩子，找出是哪些行为让同伴疏远他。

4. 为孩子提供“自我监督”的机会。

你必须向孩子强调：了解“别人如何看待自己”非常重要。

5. 鼓励孩子在掌握更多有效的社交技能之前，在学校和社区保持低调。

6. 在开始的时候，和 AD/HD 病的孩子一起设立一个规定和目标，这样做可以弥补他 / 她社交方面的不足。

7. 鼓励孩子只和了解认可他的孩子一起玩。

现在还不适合把孩子带到新朋友面前。当他的社交技能还没有提高的时候，这样做只能更败坏他的声誉。

8. 拒绝给孩子带来麻烦的邀请，比如：在外过夜，或者大型的聚会。

在帮助孩子过程中，相信你不希望自己前功尽弃。礼貌地拒绝这类邀请，但是也要留下后路，以后可以接受邀请，一起玩。

9. 为孩子选择在专注力和刺激性方面要求比较低的活动。

让活动的时间和孩子的能力相匹配。如果孩子和其他小朋友一起玩的时间超不过一个小时，那就把一起玩的时间安排得尽量短。

10. 鼓励孩子结交性情温和的正常孩子。

尽管 AD/HD 病的孩子容易被其他患同样疾病的孩子所吸引，但是不要鼓励这样的友谊，因为两个患 AD/HD 病的孩子比一个更难管教。

11. 做支持者和指导者。

在孩子参加社交活动的时候，你需要经常在场，但是这并不是说你需要监督和控制互动的每一个环节。因为这样做，对许多父母来说就像走钢丝一样艰难。

AD/HD Resources

Quinn, p. and Stern, J. *Putting on the* Brakes.Washington, DC: American Psychological Associtation Press, 2001. A top-selling classic for elementary school aged kids.

Nadeau, k. and Dixon, *E. Learning to Slow Down and Pay Attention*. Washington, DC: American Psychological Association Press,1997. Appealing , cartoon-illustrated, with lots of practical, kid-friendly tips.

Roberts, B. *The adventures of Phoebe Flower*. (4-part reading series). Silver Spring, MD: Advantage Books,1998, 1999, 2000. A charming series of books for kids ages 8-11 depicting a very positive, but realistic image of a young girl with ADHD.

Quinn, p. and Stern, J. The "*Putting on the Brakes*" Activity Book for Young People with ADHD. Washington, DC: American Psychological Association, 1993.

Nadeau, K., Littman, E., &Quinn, p. *Understanding Girls with ADHD*. Silver Spring, MD: Advantage Books, 1999. A guide for parents of girls from preschool through high school that focuses on social skills issues at every age, as well as on a broad range of other ADHD-related concerns.

"非语言学习障碍"（NLD）孩子的父母需考虑的事项

最近，"非语言学习障碍"（NLD）并发症所特有的社交影响已经成为诊断该病症的显著特征。因为多数人际交流都是通过非语言来进行的，包括肢体语言、面部表情、以及声音语调，所以NLD病的孩子在社交方面有明显的劣势。他们在人际互动过程中会错过重要的社交信号，多数孩子识别不出行为的细微差别。NLD病的孩子不理解表达感情的语气，所以他们对通过语言做出的回应也会产生误解。上面所说的都会导致他们在社交认识方面处于非常劣势的地位，他们不知道如何在社交场合中做出判断，也不了解如何解决社交问题。NLD孩子的另外一个主要个性就是缺乏适应能力。应对变化是社交能力的基本素质。由于面对这些人际关系的挑战，NLD孩子会为建立亲密关系而纠结，最终导致自我价值感的降低。

NLD孩子的父母应该怎么做?

1. 制定最有效的干预计划，首先对NLD孩子确诊。

做神经心理学的全面检查是非常必要的。病情一旦得到确诊，干预计划就可以依据扬长避短的原则进行。

2. 每天按照要求进行活动。

NLD孩子往往在非语言技能（例如：干家务活、整理物品）或者数学技能方面存在问题，可以通过一些补偿办法，例如：记事贴、清理玩具箱、打开衣架、上课录音来帮助孩子。

3. 由于NLD孩子很难把信息在大脑里进行图像化处理，所以他们不能预见到事情的后果。

帮助孩子想出解决问题的其他办法，然后针对其中有效正确的办法进行“角色扮演”。

4. 反复练习技巧。

NLD孩子通过反复的练习可以提高他们的社交熟练程度。关键是要把这些技巧分解成容易操作和执行的小任务。

5. 回顾和练习日常用语。

帮助NLD孩子理解和使用日常用语，比如：“嗨！”“你好吗？”“我很好。”等等。

6. 让孩子在不同的情景下重复练习中立的表达方式。

例如：让孩子用生气、伤心、高兴、兴奋的语气说：“我想玩”。同样，你用不同的表情重复一个中性的句子，然后让孩子来猜测你的感觉。

NLD References

Rourke, B.P. *Nonverbal learning disabilities: The syndrome and the model*. New York: Guilford Press,1989.

Rourke, B.P. *Syndrome of nonverbal learning disabilities: Neurodevelopmental manifestations*. New York:Guilford Press,1995.

写给“阿斯伯格综合症”或“严重功能性自闭症”孩子的父母

在近几十年，被诊断为“阿斯伯格综合症”的孩子已经逐渐引起我们的重视。这些孩子有时候被当做“严重自闭症”，他们缺乏社交技能，很难进行交流对话，只对有限的几件事情有强烈的兴趣（除了他们自己，好像对其他任何事物没有太多兴趣）。他们似乎不太了解社交领域中一些约定俗成的规矩，“阿斯伯格综合症”的孩子对同伴的感受不敏感，所以他们的言行可能会无意中冒犯同伴。他们很少有真正的朋友，也读不懂别人的肢体语言。但是这些孩子的父母会认为孩子只不过在社交方面比较孤立，甚至觉得孩子在人际关系方面受到伤害和拒绝。

“阿斯伯格综合症”的孩子和其他孩子的学习方法不一样。他们觉得了解复杂的计算机操作系统是件轻而易举的事，但很多简单的语言或者非语言的沟通却会令他们极度困惑。但是，不管在他们社交学习中受到什么伤害，运用“行为认知”方式的社交技能培训可以有效地帮助他们改善与同伴之间的关系。通过学习，“阿斯伯格综合症”的孩子能逐渐了解到社交行为准则，运用理性的分析和指导，而不单靠直觉。本书所写的内容，是按照循序渐进的方式开发的，所以先教孩子简单的概念和技巧，掌握了前面的技巧之后，再介绍复杂的技巧。重要的是让孩子体验成功，然后再进一步提高他们的技能。

“阿斯伯格综合症”孩子的父母该怎么办?

1. 自己要熟悉孩子同龄人的社交游戏。

练习这些流行的游戏。例如：玩球是常见的一项活动，让孩子每天玩几分钟球。

2. 和孩子一起了解游戏规则。

要记住：最简单的游戏规则也要向孩子解释。例如：你也许觉得把球踢进球门这种规则非常简单，但是你不解释，孩子可能不会自动了解这个概念。

3. 除了告诉孩子简单的规则，还要给他选择。

“阿斯伯格综合症”的孩子或许会说：“我不喜欢你，我不想和你玩。”这时候，你可以教给孩子其他的表达方式，例如表达自己的感受：“我现在想自己玩。”

4. 鼓励孩子采纳其他人的意见。

很少有“阿斯伯格综合症”的孩子想要伤害其他人的感情。你可以帮助孩子了解他给别人带来的影响。并且，坚持让他说出：他的言行有可能给其他人带来什么样的感受。

5. 让孩子在自然的环境中玩耍。

通过上保险，可以成功地把孩子因为缺乏社交技能而引发的事故影响降到最低。

6. 让孩子参加俱乐部。

这些俱乐部活动的好处在于它有监管，并且成体系。

7. 让孩子观察其他人的行为。

让孩子观察他人好的行为，并把他们当做社交方面的榜样来模仿。

8. 灵活使用本书。

尽管本书的章节是按照从易到难的顺序编写的，但是没有必要按部就班地去做。你可以对孩子的强项和弱项进行分析，然后做出一套适合他需要的课程。

Asperger's Resources

Attwood, tony. Asperger's Syndrome:*A guide for parents and professionals*. London: Jessica Kingsley Publishers,1997.

Cohen, shirley. Targeting Autism: *What We know, Don't Kown, and Can Do to Help Young Children with Autism and Related Disorders*. Berkeley, CA: University of California Press, 1998.

Fling, Echo R. Eating an Artichoke: *A Mother's Perspective on Asperger Syndrom*. London: Jessica Kingsley Publishers, 2000.

Gray, C.A. (in press) '*Social stories and comic strip converastions with students with Asperger Syndrome and high functioning autism*.' In E.schopler, G.B. Mesibov and L. Kunce (Eds.) Asperger's Syndrome and high functioning autism. New York:Plenum Press.

Myles, Brenda Smith,&Southwick, Jack. *Asperger Syndrome and difficult Moments: Practical Solutions for Tantrums, Rage and Meltdowns*.Shawnee Mission, KS: Autism Asperger,1999.

Powers, Michael D.Children with Autism: *A parent's Guide. The Special Needs Collection*. Bethesda, MD: Woodbine House, 2000.

致　谢

感谢“进步基石”（The Stepping Stones groups）小组的父母和孩子们。这些家庭和我们分享了自己的故事，以及他们内心所经历的纠结。我对他们在治疗过程中彼此的投入非常敬佩。他们的经验和想法为这本书增添了色彩。

感谢“进步基石”的同事们（无论曾经的同事，还是现在的同事）：芭芭拉·卡斯瑞（Barbara Caceres）、塞西莉亚·伯格·本森（Cecilia Berg Benson）、芭芭拉·艾克曼（Barbara Eckman）、凯斯·伊维尔（Keith Ewell）、瑞贝卡·佛雷斯尔（Rebecca Fleischer）、麦林达·盖瑞（Malinda Gray）、米切尔·哈瑞（Mitchell Harrow）、艾莉萨·黑曼（Elisa Human）、大卫·凯利根（David Kerrigan）、珍妮弗·莱杰（Jennifer Lager）、朗·雷伯曼（Ron Leiberman）、朱迪斯·麦克罗斯基（Judith McCrosky）、海伦·鲍威尔（Helen Power）、南希·瑞得（Nancy Reder）、詹姆斯·赛本（James Sebben）、罗·希伯格（Rho Silberglitt）、维斯·史密斯（Wes Smith）、沙龙·华森（Sharon Watson）。是他们孜孜不倦的工作，层出不穷的创意和专业素养，使“进步基石”的工作才得以深入开展。他们每个人在整个过程中，都做出了巨大的贡献，让社交技能的培训工作充满了乐趣和刺激。

感谢彼得·罗宾逊（Peter Robbins，M.D.）医生。他用敏锐的眼光看到“进步基石”的需求和愿景，并且鼓励我们继续努力。

感谢我的办公室秘书玛格丽特·金（Margaret King），她总是为我们喝彩加油。她不仅充满奇思妙想，同时，还是一位热爱家庭的母亲。如果没有她清晰的理解和深谋远虑，我可能会在遣词造句上浪费很多时间。

感谢“优势图书”的发行人派翠西亚·奎恩（Patricia Quinn）和凯萨琳·纳迪（Kathleen Nadeau）。完成这本书的过程曾经看似没有止境，他们却给了我很大的耐心和支持，也帮助我了解到自己有很多东西可以分享给父母和孩子。

感谢我的好朋友，也是这本书的编辑萝莉·海曼（Lori Heyman）。她毫无怨言地承担了这份琐碎又费时的工作。无论个人生活还是工作，她都追求完美。我非常感谢她运用这些方法，将我的文字变成了一本书。

最后，也是最重要的是感谢我的孩子：杰西（David）、道夫（Dov）、莉安娜（Lyana），每天我都能从他们身上学到新的东西。如果没有他们的鼓励，如果他们不愿意让我花时间写作，那么这本书恐怕到下个世纪也不会完成。

图书在版编目（CIP）数据

如何培养孩子的社交商 / (美) 凯西 · 柯恩著 ; 安燕玲译 . — 重庆 : 重庆出版社 , 2018.5

ISBN 978-7-229-12374-1

Ⅰ. ①如… Ⅱ. ①凯… ②安… Ⅲ. ①少年儿童–人际关系–能力培养 Ⅳ. ① G610

中国版本图书馆 CIP 数据核字（2018）第 036712 号

如何培养孩子的社交商
RUHE PEIYANG HAIZI DE SHEJIAOSHANG
〔美〕凯西 · 柯恩 著
〔美〕乔 · 米拉贝罗 插图　安燕玲 译

责任编辑: 孙　曙　叶　子
特约编辑: 大　雪
封面设计: 田晗工作室

重庆出版集团
重 庆 出 版 社 **出版**

重庆市南岸区南滨路 162 号 1 幢　邮政编码: 400061　http://www.cqph.com
北京中科印刷有限公司　印刷

开本: 889mm × 1194mm　1/32　印张: 8　字数: 120 千
2018 年 5 月第 1 版　2023 年 6 月第 7 次印刷
ISBN 978-7-229-12374-1
定价: 39.80 元
